LE CODE DE LA ROUTE

pour bien apprendre à conduire

EDISER EDITION SECURITE ROUTIERE

Edité par EDISER, Edition Sécurité Routière

www.ediser.com

ISBN : 2-909743-56-X

LE PERMIS DE CONDUIRE B

· Le permis B

Age d'obtention minimal : 18 ans

Il permet de conduire les véhicules suivants :

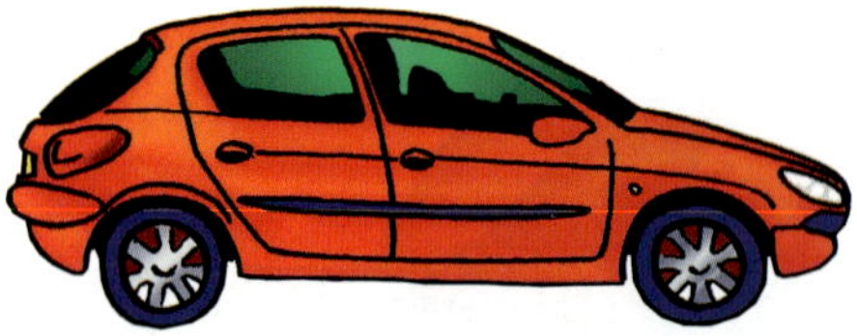

Voiture de tourisme d'un PTAC de 3,5 tonnes maximum.

Voiture de tourisme plus remorque si l'ensemble n'entre pas dans la catégorie E(B).

Véhicules d'un PTAC maximum de 3,5 tonnes affectés au transport de marchandises ou au transport de personnes (maxi 9 places assises, conducteur compris).

Moto de 125 cm^3 maximum après 2 ans de permis B1.

Remarque : le permis B permet aussi la conduite des tricycles et quadricycles à moteur (permis B1).

LES AUTRES PERMIS

· Le permis E(B)

Il est obligatoire lorsque vous attelez à un véhicule de la catégorie B une remorque (ou une caravane) dont le PTAC dépasse 750 Kg si :

- le PTAC de la remorque dépasse le PV du véhicule tracteur

ou

- la somme des PTAC (voiture + remorque) dépasse 3 500 Kg.

Déroulement de l'examen :
Ce permis est composé d'une épreuve sur plateau (maniabilité, interrogation orale, vérification du matériel, attelage) et d'une épreuve en circulation.

Le candidat devra, au préalable, passer une visite médicale.
Avant de pouvoir s'inscrire, vous devez posséder le permis B.

· Les permis moto

Après deux ans de permis B, vous êtes autorisé à conduire une 125 cm^3 sans formalité supplémentaire.
Si vous désirez conduire une moto de plus grosse cylindrée, vous devez passer le permis A.

Il se compose d'une épreuve sur plateau (maniabilité, interrogation orale, vérification du matériel) et d'une épreuve en circulation.

LES AUTRES PERMIS

· Les permis poids-lourds

Le permis C

Il permet de conduire des véhicules isolés affectés au transport de marchandises dont le PTAC excède 3,5 tonnes. Pour passer ce permis, il faut être âgé de 18 ans. L'examen se compose d'une épreuve sur plateau (interrogations écrites et orales, vérification du matériel, maniabilité) et d'une épreuve en circulation.

Le permis E (C)

Il permet de conduire les ensembles de véhicules (ex : semi-remorque) affectés au transport de marchandises. Pour obtenir ce permis, il faut être âgé de 18 ans minimum. L'examen se déroule de la même manière que le permis C avec un exercice d'attelage - dételage supplémentaire.

Le permis D

Il permet de conduire les véhicules affectés au transport de personnes (ex : bus). Pour passer ce permis, il faut être âgé de 21 ans minimum. L'examen se déroule de la même manière que le permis C.

· L'ASSR et Le BSR

L'ASSR (Attestation Scolaire Sécurité Routière)

Cet examen fait suite à l'enseignement dispensé en cours d'année dans différentes disciplines en classe de 5° et de 3°.
La réussite à l'ASSR est exigée pour l'inscription à un stage pratique de conduite des cyclomoteurs.
L'ASSR de 2° niveau, passée par tous les élèves de 3°, sera prochainement obligatoire pour passer le permis de conduire.

Le BSR (Brevet Sécurité Routière)

Le BSR est délivré aux titulaires de l'ASSR qui ont suivi une formation pratique organisée par une école de conduite. Le BSR permet de conduire un cyclomoteur dès 14 ans.

SOMMAIRE

Environnement

Pages

Usagers

Véhicule

Accidents

LA FORMATION - L'EXAMEN

· Examen du permis de conduire

Epreuve théorique générale (ETG)
On l'appelle communément "épreuve du code de la route".
Elle se présente sous la forme de 40 questions à choix multiples (QCM).
Le candidat doit obtenir au moins 35 bonnes réponses pour être admis à cette épreuve. Elle est indispensable pour passer à l'épreuve pratique.

Epreuve pratique *(nouvel examen)*
La durée de l'examen est de 35 minutes avec 25 minutes de conduite effective, deux manœuvres et des questions concernant le véhicule et la sécurité routière.L'inspecteur va évaluer les capacités du candidat sur différents réseaux routiers.

A l'issue de l'épreuve, en cas de réussite, un certificat provisoire valable deux mois est délivré ou envoyé au candidat. Ce certificat tient lieu de permis en attendant que la préfecture réalise l'original.

· Durée de la formation

La durée de la formation pratique est de 20 heures minimum.
C'est l'enseignant de la conduite qui évaluera, lors d'une évaluation initiale, le nombre d'heures de conduite nécessaire en fonction des aptitudes des candidats.
La durée de la formation théorique est variable suivant les capacités des élèves.

Un livret d'apprentissage est remis à chaque élève. Ce document est un titre administratif qui justifie que la personne est en phase d'apprentissage du permis.
Il précise le contenu, la progressivité et le calendrier de la formation.

LA SIGNALISATION

La signalisation horizontale

La signalisation verticale

LES LIGNES

Le marquage au sol donne des indications sur les zones de circulation et sur la conduite à tenir. Il en existe différentes sortes que nous allons présenter successivement.

· Les lignes de rive sur route

Elles délimitent la chaussée de l'accotement. Elles peuvent être franchies pour s'arrêter ou stationner.
Elles sont discontinues avec des traits et des intervalles de longueurs presque identiques :
- traits = 3 mètres
- intervalles = 3,50 mètres

· Les lignes de rive sur autoroute et sur les voies rapides

Elles séparent la chaussée de la bande d'arrêt d'urgence. Elles ne peuvent être franchies qu'en cas de panne ou d'incident.

Elles sont discontinues avec des traits de 38 mètres et des intervalles de 14 mètres (ancienne réglementation : traits de 20 m et intervalles de 6 m).

· Les lignes discontinues de délimitation de voie

Elles délimitent les voies et indiquent que vous devez circuler dans la voie la plus à droite.
Il est possible de franchir ces lignes pour dépasser ou traverser la chaussée (ex : pour tourner à gauche).
Elles sont composées de traits de 3 mètres et d'intervalles de 10 mètres.

· Les lignes d'avertissement

Elles annoncent une ligne continue. Le dépassement est possible si vous êtes certain de vous rabattre avant la ligne continue.

Elles sont composées de traits de 3 mètres et d'intervalles de 1,33 mètre.

· Les lignes de dissuasion

Elles se rencontrent sur les routes étroites et sinueuses.
Elles indiquent que seul le dépassement de véhicules très lents (ex : cycliste) est autorisé.

Elles sont composées de traits de 3 mètres et d'intervalles de 1,33 mètre (marquage identique à la ligne d'avertissement).

LES LIGNES

· La ligne continue

Elle sépare les voies de circulation.
Vous ne devez jamais franchir, ni même chevaucher cette ligne.
Le dépassement est par conséquent impossible à cet endroit.

· La ligne mixte

Elle est constituée d'une ligne continue et d'une ligne discontinue (pointillés).

Dépassement interdit

Le dépassement est interdit si la ligne continue se trouve du côté de votre voie.

Dépassement autorisé

Le dépassement est autorisé si la ligne discontinue se trouve du côté de votre voie. Attention, vous devez avoir achevé votre dépassement avant la fin de la ligne discontinue.

Causeway. without marking.

CHAUSSÉES SANS MARQUAGE

· Règles de conduite

Sur une chaussée sans marquage, en marche normale, vous devez maintenir votre véhicule près du bord droit de la chaussée autant que l'état et le profil de la route le permettent.

Pour effectuer certaines manoeuvres (croisement, changement de direction), vous devez imaginer une ligne centrale séparant la route en deux parties.

Vous devez adopter une position sur la chaussée identique à celle que vous auriez occupée si un marquage au sol était tracé sur la route.

ARROW

LES FLÈCHES AU SOL

· Les flèches de rabattement

Les lignes d'avertissement sont souvent complétées par des flèches de rabattement orientées vers la droite.

Lorsque les flèches de rabattement ont la pointe dirigée vers vous, (photo ci-dessus) cela concerne les usagers venant en sens inverse.

Elles sont généralement au nombre de trois. Elles signifient que la ligne discontinue va être remplacée par une ligne continue.

Sur les chaussées à plusieurs voies, les flèches de rabattement sont peintes sur la voie qui va disparaître.
Si vous circulez sur cette voie, vous devez la quitter le plus tôt possible.

LES FLÈCHES AU SOL

· Les flèches directionnelles ou flèches de sélection

Elles indiquent la voie à utiliser en fonction de la direction que vous voulez prendre.
Vous devez vous placer dans cette voie dès la première flèche.

Lorsque deux voies indiquent la même direction, vous devez vous placer sur la voie la plus à droite.

Directions possibles en fonction des voies empruntées :

A gauche | **Tout droit et à gauche** | **Tout droit** | **Tout droit et à droite** | **A droite**

LES VOIES

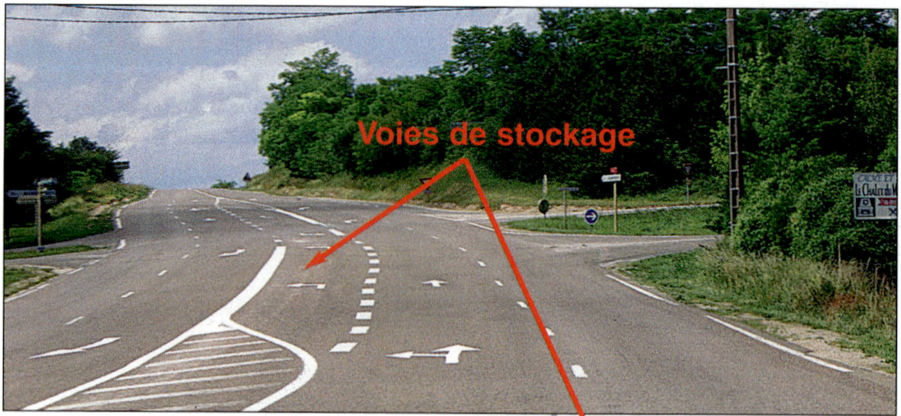

· La voie de stockage

Elle se trouve au milieu de la chaussée et permet aux véhicules voulant tourner (à gauche) de ne pas gêner ceux qui empruntent une autre direction.

Lorsque vous empruntez une voie de stockage, avant de tourner (à gauche), vous devez céder le passage aux véhicules arrivant en sens inverse. Par contre, face à un usager utilisant aussi une voie de stockage, vous devez tourner devant lui.

· La voie réservée aux transports en commun (bus)

Dans les grandes villes, il existe des voies réservées aux autobus qui peuvent aussi être autorisées aux taxis et aux ambulances.

Elles sont délimitées par une ligne blanche très large, continue ou discontinue.

Lanes.

LES VOIES

· La voie réservée aux véhicules lents

C'est une voie supplémentaire sur la droite de la chaussée qui se rencontre principalement dans les montées.
Elle est délimitée par une ligne blanche très large, continue ou discontinue. Cette voie doit être utilisée par les véhicules ne pouvant pas circuler à une vitesse supérieure à 60 km/h.

· La piste cyclable

C'est une chaussée distincte de la chaussée principale, qui est réservée à la circulation des cycles sans remorque. Les cyclomoteurs peuvent y circuler si le panneau est complété par le panonceau ci -dessous.

· La bande cyclable

C'est une voie réservée à la circulation des cycles sans remorque (idem piste cyclable).
Elle est délimitée par une ligne blanche continue ou discontinue.

Attention ! les usagers circulant sur les pistes et bandes cyclables doivent respecter les règles de priorité aux intersections.
Pour les autres usagers, la circulation, le stationnement et l'arrêt sont interdits sur les pistes et bandes cyclables.

LES VOIES

· La voie d'accélération

Elle permet de prendre de l'élan pour s'insérer dans la circulation principalement des autoroutes et voies rapides.
Un panneau de “cédez le passage” implanté le long de cette voie vous rappelle que vous n'êtes pas prioritaire.

Ces voies d’accélération sont délimitées par une ligne blanche discontinue très large avec des traits de 3 mètres et des intervalles de 3,50 mètres.

· La voie de décélération

Elle permet de quitter une autoroute ou une route à fort trafic sans gêner les véhicules qui vous suivent.
Vous devez attendre d'être sur cette voie pour ralentir.

Ces voies de décélération sont délimitées par une ligne blanche discontinue très large avec des traits de 3 mètres et des intervalles de 3,50 mètres (idem voie d'accélération).

LES AUTRES MARQUAGES

· Les zébras

Ils sont composés de hachures blanches délimitant une partie de la chaussée.

Sur les zébras, il est interdit de circuler, de stationner ou de s'arrêter.

· Les passages piétons

Ils sont matérialisés par de larges bandes blanches.
A leur approche, vous devez ralentir, voire vous arrêter, si un piéton désire traverser.

LES AUTRES MARQUAGES

· Les arrêts de bus

Ils sont matérialisés par une ligne zigzag jaune.
Vous pouvez rouler sur ce marquage, mais l'arrêt et le stationnement y sont interdits.

· La voie de détresse

C'est une voie qui se trouve généralement dans les fortes descentes. Elle permet, en cas de défaillance mécanique (ex : freins), de s'immobiliser dans un bac à sable, évitant ainsi un accident grave.

Ces voies de détresse sont signalées par le panneau ci-dessus et matérialisées au sol par des carrés rouges et blancs peints sur la totalité de cette voie.

LES MARQUES TEMPORAIRES

· Le marquage temporaire

En période de travaux, la circulation peut être guidée par un marquage au sol jaune.

Les caractéristiques (traits, intervalles...) du marquage temporaire sont identiques à celles du marquage permanent, hormis la couleur.

Le marquage jaune annule et remplace le marquage blanc. Dans tous les cas, vous devez respecter les indications fournies par les lignes jaunes.

LES FORMES DES PANNEAUX

Les panneaux possèdent trois caractéristiques qui leur donnent une signification : Forme, Couleur, Symbole. Pour adapter sa conduite aux informations données par un panneau, il faut être capable de comprendre très vite le sens de son message.

LES FORMES	LES COULEURS
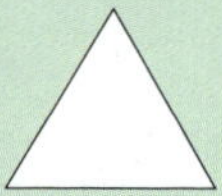 DANGER	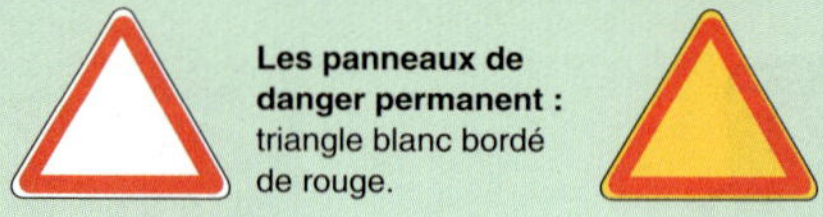 **Les panneaux de danger permanent :** triangle blanc bordé de rouge. **Les panneaux de danger temporaire :** triangle jaune bordé de rouge.
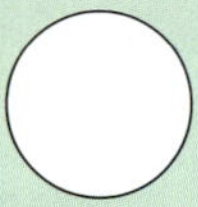 ORDRE	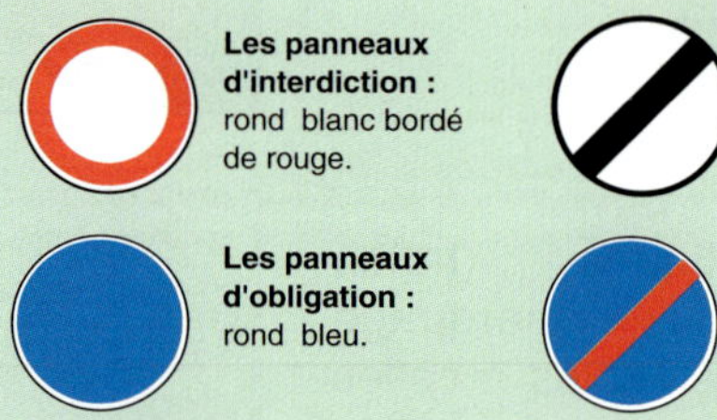 **Les panneaux d'interdiction :** rond blanc bordé de rouge. **Les panneaux de fin d'interdiction :** rond blanc barré de noir. **Les panneaux d'obligation :** rond bleu. **Les panneaux de fin d'obligation :** rond bleu barré de rouge.
 INDICATION	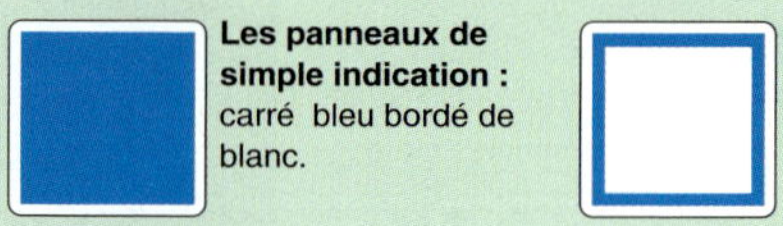 **Les panneaux de simple indication :** carré bleu bordé de blanc. **Les panneaux de simple indication :** carré blanc bordé de bleu.
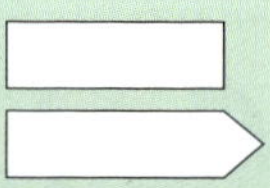 DIRECTION	**Les panneaux de direction :** rectangles divers pouvant se terminer en forme de flèche.  Liaison locale — Liaison autoroutière — Touristique — Direction locale — Direction routes importantes — Direction temporaire

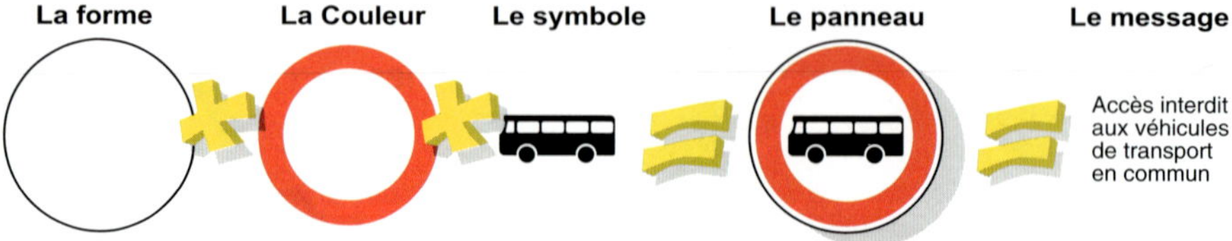

LES PANONCEAUX

· Les panonceaux

Ils donnent des précisions complémentaires sur le panneau sous lequel ils sont placés.
Ils sont de la même couleur que le panneau.

Vitesse limitée à 60 km/h pour les véhicules affectés au transport de marchandises.

Les panonceaux directionnels

Position ou direction de la voie concernée

Indique la voie sur laquelle s'applique la signalisation

Cas particuliers

400 m

Ce panonceau indique la distance à laquelle s'applique l'information donnée par le panneau.

↑ 1500 m ↑

Ce panonceau indique la distance sur laquelle s'étend la prescription donnée par le panneau.

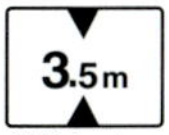

Véhicules ayant une hauteur totale supérieure à 3,5 mètres

Véhicules ayant une longueur supérieure à 10 mètres

Véhicules transportant des matières inflammables ou explosives

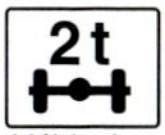

Véhicules pesant plus de 2 T sur un essieu

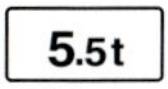

Véhicules dont le PTAC ou le PTRA est supérieur à 5,5 T

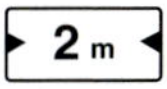

Véhicules ayant une largeur supérieure à 2 mètres

Véhicules dont le PTAC ou le PTRA n'excède pas 3,5 T

Véhicules de transport en commun de personnes

emplacement doté d'un poste d'appel d'urgence et d'un moyen de lutte contre l'incendie

Véhicules transportant des matières de nature à polluer les eaux

Véhicules agricoles à moteur

Véhicules transportant des matières dangereuses

Véhicules tractant une remorque dont le PTAC dépasse 250 Kg

stationnement payant avec parcmètre

Installations accessibles aux handicapés

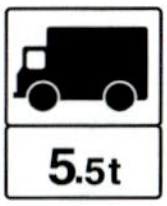

Véhicules dont le PTAC ou le PTRA est supérieur à 5,5 T

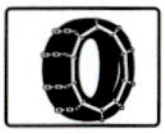

Véhicules équipés de chaînes à neige

Véhicules de transport de marchandises

précisions particulières

Cycles

Cyclomoteurs

Motocyclettes

Piétons

précisions particulières

annonce un stop à 150 mètres

Véhicules tractant une remorque de plus de 250 kg et dont le PTRA n'excède pas 3,5 T

stationnement réservé aux véhicules des grands invalides civils et des grands invalides de guerre

stationnement réservé aux véhicules électriques durant la charge de leurs accumulateurs

passage pour piétons surélevé

Le panneau sous lequel il est placé concerne une aire de danger aérien

Au passage à niveau, la voie ferrée est électrifiée

VEHICULES LENTS | VERGLAS FREQUENT | SORTIE D'USINE | BOUE

Indications diverses

PANNEAUX DE DANGER

· Les panneaux de danger

Ils signalent une zone dangereuse où vous devez ralentir.

En agglomération :
Ils sont placés à environ 50 mètres du danger annoncé.

Hors agglomération :
Ils sont placés à environ 150 mètres du danger annoncé.

· Les exceptions :

Ce panneau de danger est implanté à l'endroit où la circulation se fait à double sens. C'est donc un signal de position contrairement aux autres panneaux de sa famille.

Lorsqu'un panonceau de distance se situe sous le panneau, le danger se trouve à la distance mentionnée et non plus à 50 m en agglomération ou 150 m hors agglomération.

PANNEAUX DE DANGER

Attention : la nuit, vous pouvez confondre la route et la surface de l'eau.

Virage à droite

Virage à gauche

Succession de virages dont le premier est à droite

Succession de virages dont le premier est à gauche

Cassis ou dos d'âne

Ralentisseur du type dos-d'âne

Chaussée rétrécie par la gauche

Chaussée rétrécie par la droite

Chaussée rétrécie

Chaussée glissante

Pont mobile

Débouché sur un quai ou une berge

Traversée d'une aire de danger aérien

Traversée de voies de tramways

Circulation dans les deux sens

PANNEAUX DE DANGER

Risque de chute de pierres ou de présence sur la route de pierres tombées

Descente dangereuse sur 100 mètres, on descend de 10 mètres

Endroit fréquenté par les enfants

Débouché de cyclistes venant de gauche ou de droite

Passage pour piétons

Autres dangers

Annonce de feux tricolores

Vent latéral

Passage d'animaux domestiques

Passage d'animaux sauvages

Passage de cavaliers

PANNEAUX D'INTERSECTION

· Les panneaux de priorité

Ils signalent les règles de priorité à respecter dans les intersections. Ils peuvent prendre différentes formes : triangle, losange, octogone.

Intersection où la priorité à droite est applicable

Carrefour à sens giratoire

Priorité ponctuelle : **uniquement à l'intersection annoncée**

Route à caractère prioritaire, **à toutes les intersections**

Fin de route à caractère prioritaire

Cédez le passage : signal avancé

(+ feux) ou

Cédez le passage : signal de position

Stop :

- signal avancé
- signal de position

Arrêt obligatoire, puis cédez le passage à gauche et à droite

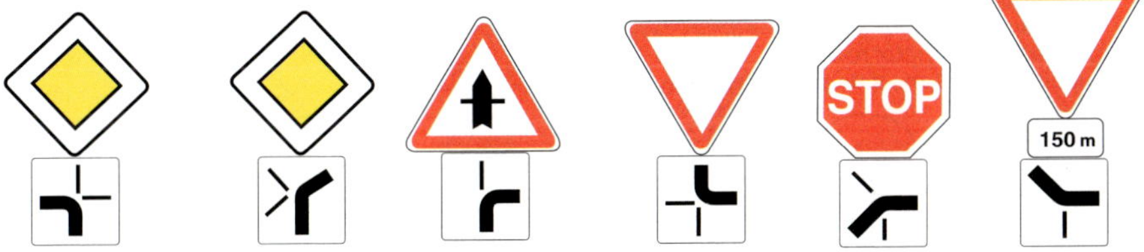

Panonceaux-schémas : ils représentent la configuration du carrefour qui va être abordé.

Un trait large unique schématise le tracé de la route prioritaire. La branche verticale, située dans la moitié inférieure du panonceau, symbolise la route où vous vous trouvez.

PANNEAUX D'INTERDICTION

· Les panneaux d'interdiction

Ces panneaux sont placés à l'endroit où commence l'interdiction sauf si un panonceau de distance les complète. Cette interdiction s'étend jusqu'à la prochaine intersection ou si un panneau y met fin.

Circulation interdite à tout véhicule dans les deux sens

Sens interdit

Interdiction de tourner à droite à la prochaine intersection

Interdiction de tourner à gauche à la prochaine intersection

Accès interdit aux piétons

Accès interdit aux véhicules agricoles à moteur

Interdiction de faire demi-tour, prochaine intersection incluse

Interdiction de dépasser les véhicules à moteur sauf les deux roues sans side-car

Interdiction aux véhicules de transport de marchandises dont le PTAC ou le PTRA excède 3,5 T de dépasser tous les véhicules sauf les deux roues sans side-car

Accès interdit aux cycles

Accès interdit aux cyclomoteurs

Accès interdit aux motocyclettes et motocyclettes légères

Accès interdit aux véhicules à moteur, à l'exception des cyclomoteurs

Accès interdit à tous les véhicules à moteur

Accès interdit aux véhicules dont la longueur (chargement compris) est supérieure au nombre indiqué

Accès interdit aux véhicules à traction animale

Accès interdit aux charrettes à bras

PANNEAUX D'INTERDICTION

Accés interdit aux véhicules tractant une caravane ou une remorque de plus de 250 kg

Intervalle de sécurité minimum

Cédez le passage à la circulation venant en sens inverse

Signaux sonores interdits

Accès interdit aux véhicules dont la hauteur, chargement compris, est supérieure au nombre indiqué

Accès interdit aux véhicules dont la largeur, chargement compris, est supérieure au nombre indiqué

Accès interdit aux véhicules dont le PTAC ou le PTRA excède le nombre indiqué

Accès interdit aux véhicules pesant sur un essieu plus que le nombre indiqué

Accès interdit aux véhicules de transport en commun

Accès interdit aux véhicules affectés au transport des marchandises quel que soit leur poids

Accès interdit aux véhicules transportant des produits explosifs ou facilement inflammables

Accès interdit aux véhicules transportant des produits de nature à polluer les eaux

Accès interdit aux véhicules transportant des matières dangereuses et signalés comme tels

Autres interdictions

Police : arrêt obligatoire

Péage : arrêt obligatoire

Douane : arrêt obligatoire

Gendarmerie : arrêt obligatoire

Limitation de vitesse

Entrée d'une zone à vitesse limitée à 30 Km/h

PANNEAUX D'INTERDICTION

· Cas particulier

Ce signal interdit à tout véhicule de s'engager dans une rue.

Les véhicules en sens inverse auront cette indication, leur signalant que la circulation se fait en sens unique.

Circulation à sens unique

· Cas particulier

Cette signalisation vous annonce un croisement difficile où vous devrez céder le passage aux véhicules arrivant en sens inverse.

Les usagers venant en face vont rencontrer ce panneau.

Priorité par rapport à la circulation venant en sens inverse

· Cas particulier

Cette signalisation annonce que l'interdiction s'applique à un ensemble de rues, c'est-à-dire à une zone.

PANNEAUX DE FIN D'INTERDICTION

· La fin d'interdiction

En général, ces panneaux mettent fin à l'interdiction ponctuelle énoncée précédemment par un panneau.

Par exception, ce panneau met fin à toutes les interdictions précédemment signalées sauf celles concernant l'arrêt et le stationnement.

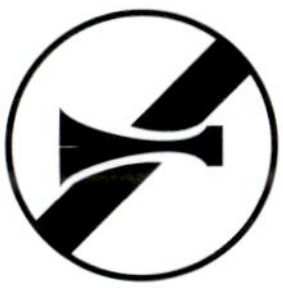

Fin d'interdiction de l'usage des avertisseurs sonores

Fin de limitation de vitesse

Fin d'interdiction mentionnée sur le panneau

Sortie de zone à vitesse limitée à 30 Km/h

Fin d'interdiction de dépasser pour les véhicules affectés au transport de marchandises dont le PTRA est supérieur à 3,5 T.

Fin d'interdiction de dépasser

Fin de toutes les interdictions précédemment signalées et imposées aux véhicules en mouvement. Ne met pas fin à l'interdiction de s'arrêter et de stationner

PASSAGES A NIVEAU

Ils peuvent être sans barrière ou avec barrières à fonctionnement manuel ou automatiqu
Si le passage à niveau comporte un feu rouge, vous devez vous arrêter lorsque ‹ dernier clignote, même si les barrières ne sont pas encore abaissées. Po repartir, attendez que les barrières soient totalement levées.

Signalisation avancée

Passage à niveau muni de barrières à fonctionnement manuel

Passage à niveau muni de barrières ou demi-barrières à fonctionnement automatique

Passage à niveau sans barrière ni demi-barrière

Passage à niveau sans barrière ni demi-barrière muni d'une signalisation automatique sonore et lumineuse

Signalisation de position

Lorsqu'il existe plusieurs voies, soyez vigilant un train peut en cacher un autre.

Voie unique Plusieurs voies

Signalisation de position des passages à niveau sans barrière ni demi-barrière et non munis de signalisation automatique

Voie unique Plusieurs voies

Signalisation de position des passages à niveau sans barrière ni demi-barrière munis d'une signalisation automatique lumineuse et sonore

Particularités :

Passage à niveau sans barrière ni demi-barrière muni d'un panneau Stop imposant à l'usager de marquer un temps d'arrêt

Dans le cas où l'usager doit marquer un temps d'arrêt avant de franchir le passage à niveau le panneau Stop est placé en-dessous de ces panneaux

Signalisation de position

PASSAGES A NIVEAU

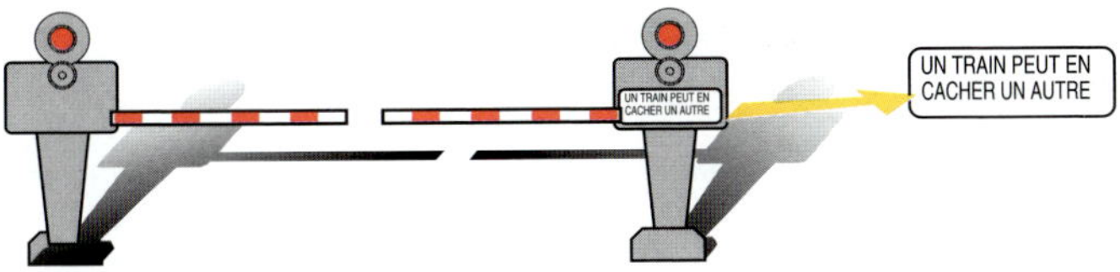

Signalisation automatique avec un feu clignotant et munie de demi-barrières à fonctionnement automatique bloquant la partie droite de la chaussée.
Le fonctionnement du feu rouge clignotant annonce l'arrivée des trains et précède de peu la fermeture des demi-barrières.

Les balises de signal avancé

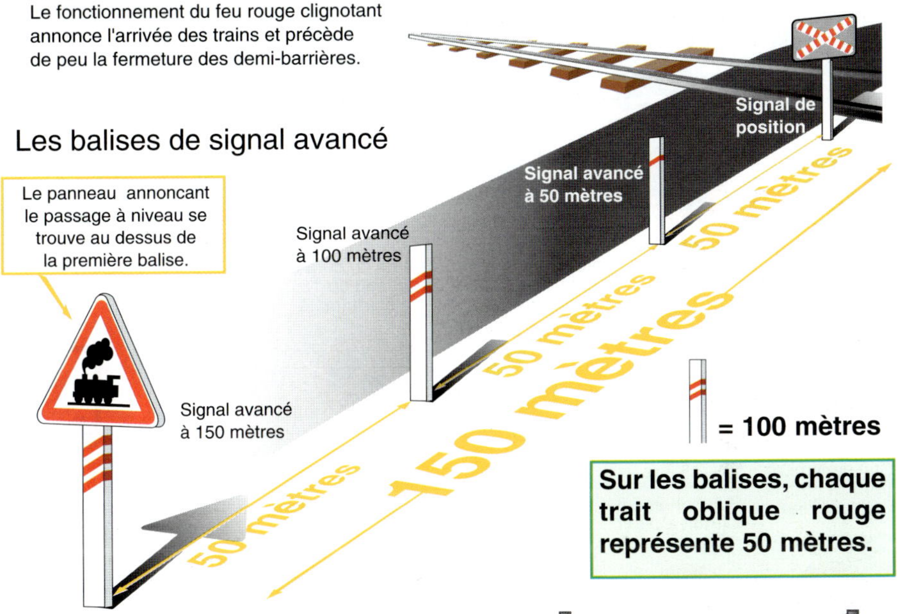

Sur les balises, chaque trait oblique rouge représente 50 mètres.

Passage à niveau
avec voie ferrée électrifiée

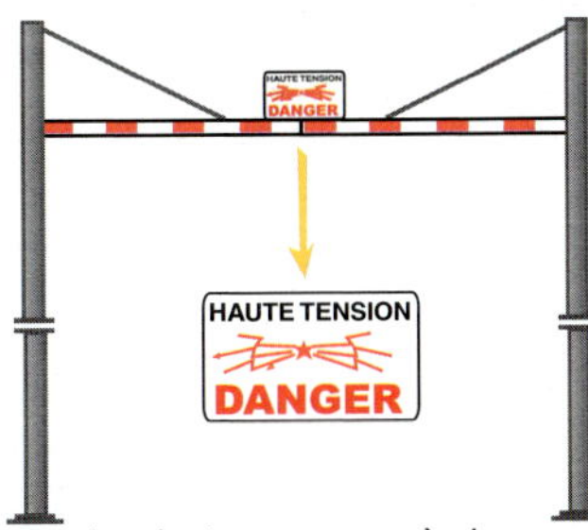

Portique signalant un passage à niveau avec voie ferrée électrifiée lorsque les fils de contact se trouvent à moins de 6 mètres.

PANNEAUX DE STATIONNEMENT

Ils indiquent des rues ou des zones où l'arrêt et / ou le stationnement sont réglementés.

Arrêt et stationnement interdits

Stationnement interdit

Stationnement interdit du côté du panneau du 1er au 15 du mois

Stationnement interdit du côté du panneau du 16 à la fin du mois

Zone à stationnement interdit :
- entrée - sortie

Stationnement interdit à gauche du panneau

Stationnement interdit à partir du panneau

Stationnement interdit jusqu'au panneau

Stationnement interdit avant et après le panneau

Zone à stationnement unilatéral à alternance semi-mensuelle :
- entrée - sortie

Stationnement payant

Interdiction de stationner sans disque de Stationnement

Stationnement interdit aux véhicules affectés au transport de marchandises

Zone à stationnement unilatéral à alternance semi-mensuelle et à durée limitée :
- entrée - sortie

Zone à stationnement payant :
- entrée - sortie

Zone à stationnement de durée limitée :
- entrée - sortie

PANNEAUX TEMPORAIRES

· Les panneaux de signalisation temporaire

Lors de travaux ou de dangers temporaires, on utilise des panneaux à fond jaune réfléchissant et certains autres moyens de signalisations spécifiques (ex : cônes). Ils sont en général identiques aux panneaux à fond blanc hormis la couleur.

Accident

Bouchon

Autres dangers (un panonceau indique parfois la nature de ce danger)

Cassis ou dos d'âne

Chaussée rétrécie

Travaux

Chaussée glissante

Projections de gravillons

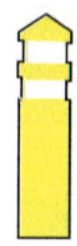

Signalisation de limites d'obstacles

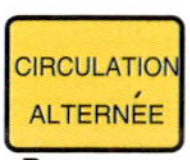

Panneaux d'indications diverses

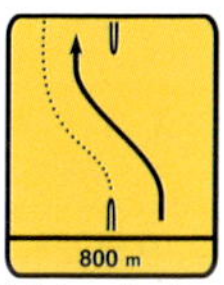

Présignalisation de changement de chaussée : circulation sur une voie

Affectation de voies

Annonce de la réduction du nombre de voies sur route à chaussées séparées

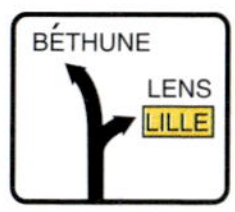

Présignalisation d'une déviation, par adjonction d'un cartouche jaune

Balises d'alignement et de guidage

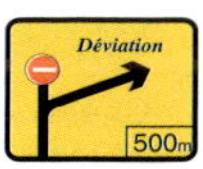

Présignalisation de déviation

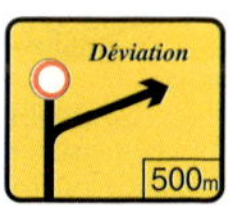

Présignalisation de déviation

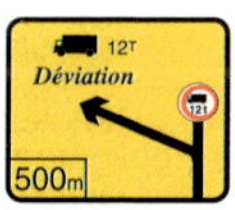

Présignalisation de déviation pour certains véhicules

Piquets mobiles de réglementation manuelle de la circulation :

Autorisation de passer

Interdiction de passer

Dispositif conique (cône de *Lubeck*) délimitant la position des obstacles temporaires

Déviation

Fin de déviation

Barrage. Signalisation de travaux ou d'un obstacle temporaire

Signal de position d'une déviation ou d'un rétrécissement temporaire de la chaussée

PANNEAUX D'OBLIGATION

Ils rendent obligatoires certaines directions.
Ils peuvent aussi imposer certaines règles à des usagers particuliers (ex : piétons, cycles, bus).

Ce panneau interdit de tourner à gauche et de continuer tout droit

Obligation de tourner à droite avant le panneau

Obligation de tourner à gauche avant le panneau

Contournement obligatoire de l'obstacle par la droite

Contournement obligatoire de l'obstacle par la gauche

Direction obligatoire à la prochaine intersection : à droite

Direction obligatoire à la prochaine intersection : à gauche

Direction obligatoire à la prochaine intersection : tout droit

Directions obligatoires à la prochaine intersection : tout droit ou à droite

Directions obligatoires à la prochaine intersection : tout droit ou à gauche

Directions obligatoires à la prochaine intersection : à droite ou à gauche

Chemin obligatoire pour piétons

Chemin obligatoire pour cavaliers

Vitesse minimale obligatoire

Piste ou bande obligatoire pour les cycles sans side-car ou remorque

Voie réservée aux bus

Autres obligations

Chaînes à neige obligatoires sur au moins deux roues motrices

Voies réservées aux tramways

PANNEAUX DE FIN D'OBLIGATION

Ils mettent fin à l'obligation précédemment imposée. En règle générale, le panneau à fond bleu est traversé par une diagonale rouge, sauf quelques exceptions (ex : fin d'allumage des feux).

Fin de vitesse minimale obligatoire

Fin de piste ou bande obligatoire pour les cycles sans side-car ou remorque

Fin d'obligation de l'usage des chaînes à neige

Fin de voie réservée aux bus

Fin de chemin obligatoire pour cavaliers

Fin de chemin obligatoire pour les piétons

Fin de voies réservées aux tramways

Exception

Autres fins d'obligations

PANNEAUX D'INDICATION

Ils donnent des informations sur la conduite des véhicules (ex : arrêt d'autobus) ou sur les aménagements mis en place (ex : parc de stationnement).

Parc de stationnement

Parc de stationnement à durée limitée avec contrôle par disque

Parc de stationnement payant

Hôpital

Vitesse conseillée

Fin de vitesse conseillée

Station de taxis

Arrêt d'autobus

Arrêt de tramway

Circulation à sens unique

Chemin sans issue : présignalisation

Chemin sans issue (impasse)

Route à accès réglementé (route pour automobiles)

Fin de route à accès réglementé

Traversée de voies de tramways

Passage pour piétons (signal de position)

Indication aux frontières des limitations générales de vitesse en vigueur sur le territoire français

Forêt facilement inflammable

PANNEAUX D'INDICATION

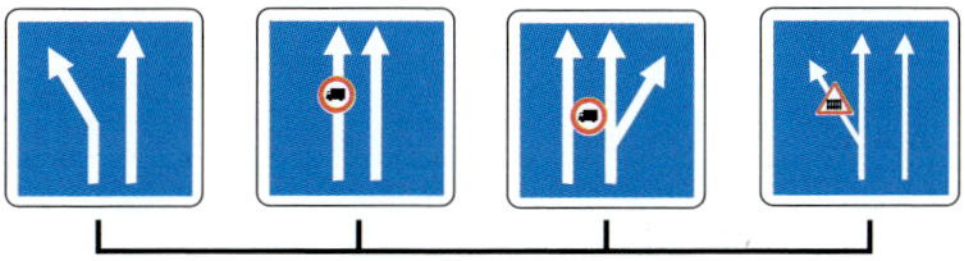

Signalisation par voie

Affectation des voies sur route transversale

Affectation de voies sur route transversale Première voie réservée aux cycles

Réduction du nombre de voies sur une route à chaussées séparées ou sur un créneau de dépassement à chaussées séparées

Fin de créneau de dépassement

Surélévation de chaussée

Aire piétonne

Fin d'aire piétonne

Priorité par rapport à la circulation venant en sens inverse

Entrée d'autoroute

Fin d'autoroute

Annonce d'une gare de péage

Annonce d'une aire de repos sur autoroute

Présignalisation d'un créneau de dépassement ou d'une section de route à chaussées séparées

Indication d'un créneau de dépassement à 3 voies affectées 2 voies plus 1 voie

Indication d'une section de route à 3 voies affectées 1 voie plus 2 voies

Annonce d'une aire de repos sur route à chaussées séparées

Conditions de circulation par voie sur la route suivie

Fin de piste ou bande cyclable conseillée et reservée aux cycles à 2 ou 3 roues

Piste ou bande cyclable conseillée et reservée aux cycles à 2 ou 3 roues

Ce signal indique que cet aménagement est seulement conseillé aux cycles.
Par contre il signale que les autres véhicules n'ont pas le droit de circuler et de s'arrêter à cet endroit.

PANNEAUX D'INDICATION

Indications diverses

Stationnement réglementé pour caravanes et autocaravanes

Paiement par abonnement

Paiement par abonnement

Paiement automatique par pièces de monnaie

Voie de détresse

Indication d'un emplacement d'arrêt d'urgence

Retrait de ticket de péage

Présence d'un péagiste

Paiement par carte bancaire

1

Présignalisation de la praticabilité d'une section de route

En cas d'ouverture de la route le panneau précise éventuellement les conditions particulières de l'équipement du véhicule

En cas de fermeture de la route le conducteur ne doit pas s'engager sauf si la mention "ouvert jusqu'à" est inscrite dans le panneau. (Voir panneau 1)

PANNEAUX D'INDICATION

Poste de secours

Poste d'appel téléphonique d'urgence

Poste d'appel téléphonique

Camping pour tentes, caravanes et autocaravanes

Camping pour tentes

Camping pour caravanes et autocaravanes

Gare de téléphérique

Point de départ d'un circuit de ski de fond

Point de départ d'un télésiège ou télécabine

Point de mise à l'eau d'embarcations légères

Point de départ d'un itinéraire pédestre

Auberge de jeunesse

Restaurant ouvert 7/7 jours

Point de vue

Relais d'information

Emplacement pour pique-nique

Installations diverses

Débit de boissons ou cafétéria ouvert 7/7 jours

Gare auto / train

Moyen de lutte contre l'incendie

Embarcadère

Toilettes ouvertes au public

Hôtel ou motel ouvert 7/7 jours

Jeux d'enfants

Atelier d'entretien de véhicules

Distributeur de billets de banque

Station de vidange pour caravane, car et auto-caravane

Point relax

Installations accessibles aux handicapés à mobilité réduite

Station de gonflage gratuite

Issue de secours vers la droite ou vers la gauche

Chambre d'hôtes ou gîte

Station de radio donnant des informations sur la circulation et l'état des routes

Informations relatives aux services ou activités touristiques

Poste de distribution de carburant

en carburant classique + GPL (gaz pétrole liquéfié)

ouvert 7/7 jours, 24/24 heures

PANNEAUX DE DIRECTION

· La signalisation de direction

Elle vous permet de choisir suffisamment tôt la direction à prendre.

On distingue quatre types de panneaux :

1. Les panneaux bleu foncé à lettres blanches, avec ou sans le symbole de l'autoroute :
Ils donnent les indications concernant l'autoroute et les directions des autoroutes.

2. Les panneaux verts à lettres blanches :
Ils concernent les liaisons entre les villes importantes sur le réseau routier.

3. Les panneaux blancs à lettres noires :
Ils concernent les liaisons entre les villes d'importance secondaire sur le réseau local ou régional.

4. Les panneaux jaunes à lettres noires :
Ils concernent les itinéraires temporaires.

PANNEAUX DE DIRECTION

· Les panneaux d'avertissement

Sur les voies rapides et les autoroutes, ils attirent votre attention à l'approche d'une bifurcation ou d'une sortie.

Annonce une bifurcation d'autoroute.

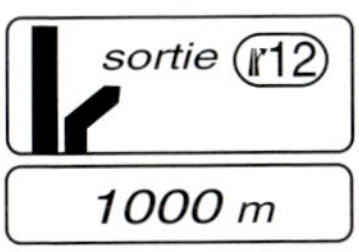

Avertissement de sortie indiquant que la voie de droite est réservée à la sortie

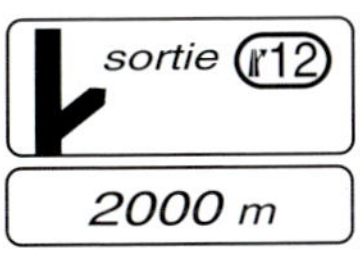

Avertissement de sortie avec indication du numéro de l'échangeur

Panneau d'avertissement de bifurcation autoroutière et de sortie rapprochées avec symbole d'échangeur

Avertissement de bifurcation sur autoroute avec affectation de voies

PANNEAUX DE DIRECTION

· Les panneaux de présignalisation

Ils indiquent les directions que vous pourrez prendre à la prochaine intersection ou au prochain échangeur, ainsi que la distance qui vous sépare de l'intersection ou de l'échangeur.

Panneau de présignalisation de sortie numérotée

Présignalisation de bifurcation sur autoroute

Panneau de présignalisation de sortie non numérotée

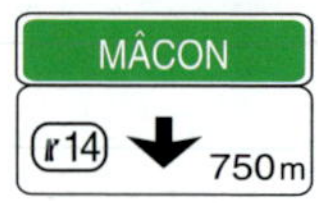

Panneau de présignalisation d'affectation de voies de sortie non numérotée

Panneau de présignalisation d'affectation de voies de bifurcation autoroutière

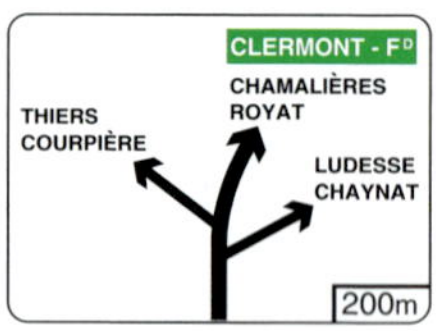

Panneau de présignalisation diagrammatique des carrefours complexes

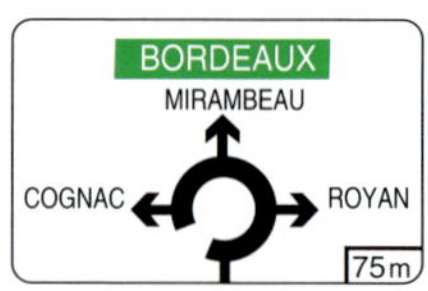

Présignalisation avec indication d'un carrefour à sens giratoire

Panneau de présignalisation courante des carrefours

Présignalisation avec affectation de voie indiquant les directions desservies par l'autoroute

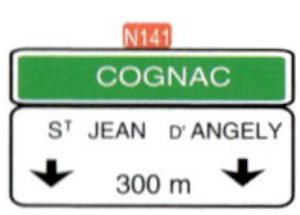

Panneau de présignalisation d'affectation de voies de sortie non numérotée

Panneau de présignalisation complémentaire de bifurcation autoroutière ne comportant pas de numéros d'autoroutes

PANNEAUX DE DIRECTION

· Les panneaux de signalisation avancée

Ils se trouvent à l'endroit où vous devez commencer votre manoeuvre si vous souhaitez prendre une des directions indiquées.

Signalisation avancée de sortie numérotée

Signalisation avancée de sortie non numérotée

Signalisation avancée de bifurcation autoroutière

Signalisation avancée d'affectation de voies de sortie numérotée

Signalisation avancée de carrefour avec affectation de voies

Panneau de signalisation avancée d'affectation de voies de bifurcation d'autoroute

PANNEAUX DE DIRECTION

. Les panneaux de position

Vous les rencontrerez uniquement sur les routes. Ils sont situés aux carrefours et indiquent les directions à prendre.
Ils mentionnent les distances en kilomètres ainsi que le classement de la route (ex : route départementale).

Direction vers une autoroute et kilométrage

Direction vers une ville importante

Une partie de l'itinéraire emprunte l'autoroute

Direction vers les villes les plus proches

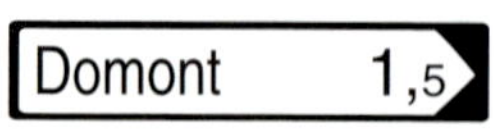

Direction vers des fermes, hameaux, ou lieux-dits isolés

PANNEAUX DE DIRECTION

· Les panneaux de confirmation

Ils sont placés après une intersection et indiquent les directions desservies par la voie sur laquelle ils sont implantés.
Ils peuvent mentionner le classement de la route (ex : nationale) ainsi que les kilomètres restant à parcourir pour atteindre une destination.

Confirmation de direction sur route

Confirmation de direction vers les localités les plus proches

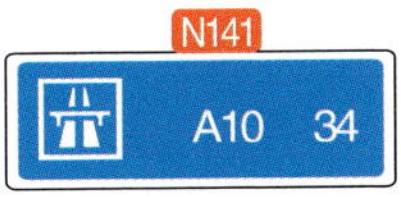

Confirmation de direction vers une autoroute

Confirmation de direction sur un itinéraire dont une partie emprunte l'autoroute

Panneau de confirmation courante utilisé sur route

Panneau de confirmation de la prochaine sortie

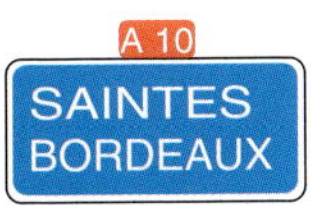

Confirmation de filante sur autoroute

Panneau de confirmation courante de bifurcation autoroutière

confirmation de filante avec flèches d'affectation verticales sur autoroute

PANNEAUX DE DIRECTION

· Les symboles et les idéogrammes

Ils accompagnent les panneaux de direction. Leur but est de permettre une lecture plus rapide des panneaux, sans risque de confusion.
Ils sont placés à l'intérieur des panneaux de direction.

· Exemples d'idéogrammes

Ils donnent une information qui caractérise la destination indiquée sur le panneau.
Ils permettent de supprimer une information écrite, ou de la préciser.

Hôpital ou clinique n'assurant pas les urgences

Site classé

Relais d'information service

Poste d'appel d'urgence

· Exemples de symboles

Ils recommandent l'accès de cette route à certaines catégories d'usagers.

Direction conseillée aux cyclistes

Véhicules de PTAC inférieur ou égal à 3,5 Tonnes

Ils interdisent l'accès de cette route à certaines catégories d'usagers.

Aux véhicules transportant des produits explosifs ou facilement inflammables

Aux cycles

PANNEAUX DE DIRECTION

· Les itinéraires BIS

En période de fort trafic (vacances, fin de semaine), les grands axes routiers étant chargés, des itinéraires Bis sont souvent mis en place. Ils doublent la route principale afin d'éviter les bouchons.

Présignalisation

Fin d'itinéraire bis

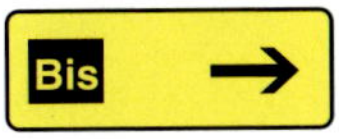

Position

Jalonnement

· Les itinéraires S

Itinéraire de substitution.

Les itinéraires S sont des déviations particulières. Ils sont associés à des autoroutes, et sont activés lorsque l'autoroute est coupée (accident, bouchon, travaux, etc), pour la retrouver ensuite en aval de cette perturbation.

Signalisation complémentaire d'itinéraire "S"

Fin d'itinéraire "S"

PANNEAUX DE LOCALISATION

· Les panneaux de localisation

Ils donnent des indications sur le lieu rencontré.
Ils signalent les lieux-dits, les cours d'eau, les agglomérations .....

Entrée d'agglomération sur route nationale

Sortie d'agglomération sur route nationale

Lieu-dit, forêt ou autre lieu traversé par la route

Parc national (ou naturel régional)

Cours d'eau

Localisation d'une région administrative ou d'un département

Localisation de frontière (Communauté européenne)

BORNES ET CARTOUCHES

. Les bornes

Placées tout au long du réseau routier, elles indiquent la distance de la prochaine localité. La partie supérieure colorée indique le type de route empruntée ainsi que son numéro.

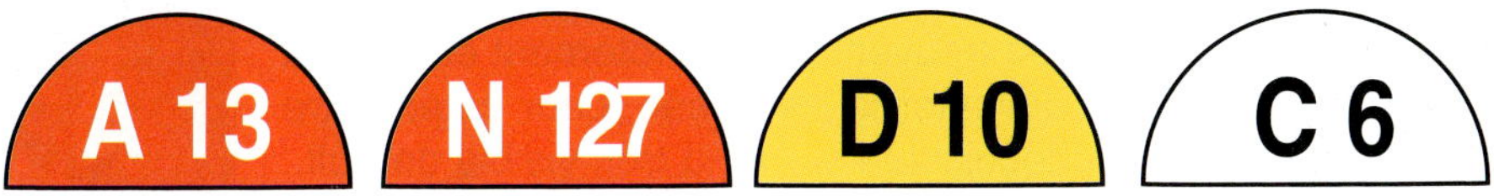

Autoroute — Route nationale — Route départementale — Route communale

. Les cartouches

Ils sont situés au dessus des panneaux de direction et vous indiquent le type de route empruntée.

Autoroute — Nationale — Départementale

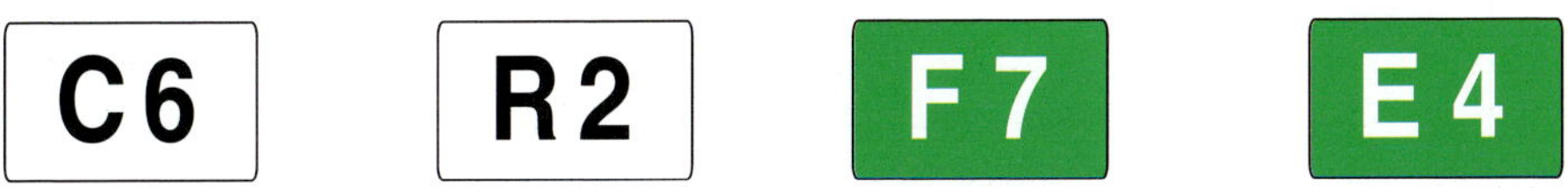

Communale — Rurale — Forestière — Européenne

BALISES

Utilisées en signal de position, elles matérialisent les dangers particuliers.

· Balises de virage

Balise de virage

Ces balises sont implantées dans les virages. La balise au sommet rouge se rencontre dans les régions neigeuses.
Les chevrons ci-dessous sont placés dans les virages dangereux et indiquent le sens de la courbe. (ici virage à droite). Ils peuvent aussi signaler un rétrécissement permanent de la chaussée.

Balise de virage
(zone neigeuse)

· Balises d'intersection

Elles sont implantées au niveau d'une intersection afin de la rendre plus visible.

· Délinéateurs

Ils se trouvent sur l'accotement et servent à délimiter la chaussée. Leur catadioptre réfléchissant les rend très visible de nuit.

· Tête d'îlot

Cette flèche indique le côté où l'on doit passer par rapport à l'îlot.

· Manche à air

Elle indique la force et la direction du vent

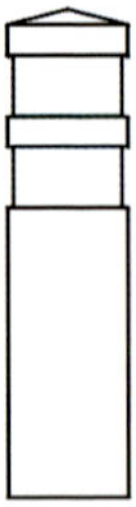

Dispositif de renforcement d'un marquage continu permanent

Dispositif de renforcement d'un marquage en divergent

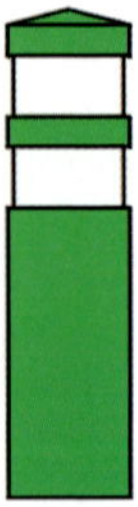

Balise de signalisation d'obstacle.

POINTS CLÉS

Le marquage au sol indique :

- les différentes parties de la route (ex : voie, accotement, zébra),
- les voies affectées à certaines catégories de véhicules (ex : bus)
- les règles de circulation.

La signification des panneaux
Pour comprendre la signification des panneaux, vous devez prendre en compte :
La forme, la couleur, le symbole.

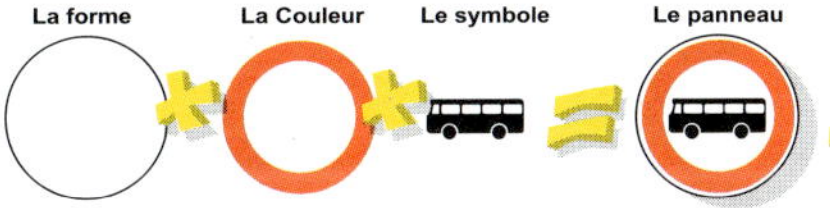

Les panonceaux

Ils complètent les panneaux et donnent des précisions sur leur signification.

Panneau d'interdiction

Ce panneau n'interdit pas de tourner dans une rue à gauche, il interdit seulement de faire demi-tour.

Les panneaux de danger

Ils sont implantés à environ 50 mètres de la zone dangereuse en agglomération, et à 150 mètres hors agglomération.

Les panneaux de direction

Sur ou vers l'autoroute

Liaisons entre les villes importantes

Réseau local

Itinéraires temporaires

Les balises
Ne pas confondre :

intersection

virage (zone neigeuse)

ÉVALUATION

1

Je peux continuer tout droit :

Oui A
Non B

2

Ce panneau m'annonce que je vais passer à proximité d'une école :

Oui A
Non B

3

Le marquage au sol est toujours de couleur blanche :

Oui A
Non B

4

Ces balises me signalent :

Une intersection A
Une priorité à droite B
Un virage C

5

Dans cette situation, je dois tenir compte :

Uniquement du marquage jaune A
Uniquement du marquage blanc B
Du marquage jaune et blanc C

Réponses : 1 B - 2 B - 3 B - 4 C - 5 A

LES RÈGLES DE PRIORITÉ

Les règles de priorité

LA PRIORITÉ À DROITE

· Sans signalisation

Vous devez toujours céder le passage aux véhicules qui viennent sur votre droite.

· Exemple de situation

Ordre de passage des véhicules :

1/ La voiture bleue passe,
2/ La voiture rouge passe,
3/ La camionnette jaune passe.

LA PRIORITÉ À DROITE

· Avec signalisation

Le panneau vous annonce la proximité d'une intersection où vous devez céder le passage aux véhicules qui viennent sur votre droite. Votre comportement devra être le même que dans une intersection sans signalisation.

Ce panneau est implanté sur toutes les routes débouchant dans l'intersection

· Exemple de situation

Ordre de passage des véhicules :

1/ La voiture bleue passe,
2/ La voiture rouge passe,
3/ La camionnette jaune passe.

LE "CÉDEZ LE PASSAGE"

· Règle

Vous devez céder le passage à gauche et à droite. Si la chaussée est libre et sans danger, vous n'avez pas à marquer l'arrêt.

· Signalisation

Un signal avancé vous annonce la distance du "cédez le passage" qui est matérialisé par un panneau de position.
Des pointillés peints à la limite de la chaussée abordée, viennent compléter ce panneau .

Particularité :

Dans les sens uniques, le marquage au sol est présent sur toute la largeur de la chaussée.

LE "CÉDEZ LE PASSAGE"

· Exemples de situations

Ordre de passage des véhicules :

1/ la voiture bleue et la voiture grise passent,

2 / la voiture rouge, après avoir vérifiée que la voie est libre, peut s'engager.

Ordre de passage des véhicules :

1/ la camionnette passe,

2/ la voiture rouge termine son changement de direction,

3/ la voiture jaune, après avoir vérifiée que la voie est libre, peut s'engager.

LE STOP

· Règle

L'arrêt est obligatoire même si la route est libre.
Vous devez céder le passage à gauche et à droite.

· Signalisation

Un signal avancé vous annonce la distance du stop qui est matérialisé par un panneau de position octogonal à fond rouge.
Une ligne continue peinte à la limite de la chaussée abordée vient compléter ce panneau. Vous devez marquer l'arrêt à la hauteur de la ligne blanche, et non pas à la hauteur du panneau. Votre véhicule ne doit jamais dépasser la ligne.

Particularité :
Dans les sens uniques, le marquage au sol est présent sur toute la largeur de la chaussée.

LE STOP

· Exemples de situations

Ordre de passage des véhicules :

Les voitures verte et jaune passent, ensuite la rouge et la bleue s'engagent.

Ordre de passage des véhicules :

La camionnette jaune passe, puis la voiture rouge, et enfin la bleue s'engage.

LE CARACTÈRE PRIORITAIRE

· Règle

Ce panneau indique que vous circulez sur une route prioritaire à toutes les intersections.

Ce panneau est répété tous les kilomètres en agglomération et tous les cinq kilomètres en dehors des agglomérations.

Il n'est pas forcément implanté avant chaque intersection.

· Exemple de situation

Ordre de passage : la voiture verte et la voiture jaune, ensuite la rouge et la bleue.

LE CARACTÈRE PRIORITAIRE

· En agglomération

Lorsque la route conserve son caractère prioritaire, le panneau est placé au dessus de celui d'entrée d'agglomération.

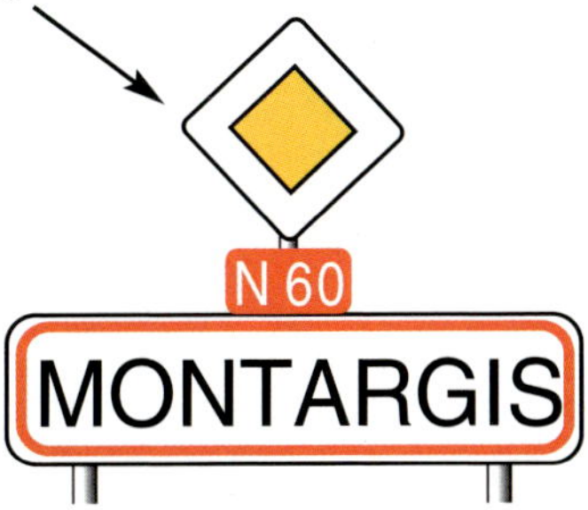

· Hors agglomération

A la sortie de l'agglomération, si la route reste ou devient prioritaire, vous rencontrerez cette signalisation.

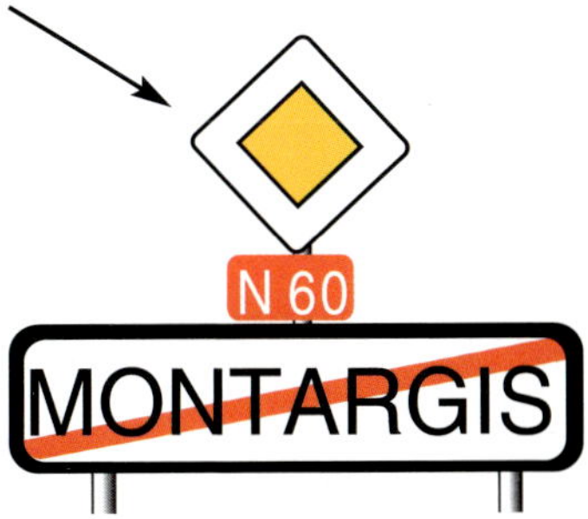

· Intersection complexe

Le panneau peut être complété par un panonceau "schéma".
Dans ce cas, les traits épais représentent la route à caractère prioritaire.

LE CARACTÈRE PRIORITAIRE

· La fin du caractère prioritaire

Ce panneau indique la fin du caractère prioritaire de votre route à la prochaine intersection.

· En agglomération

Lorsque la route perd son caractère prioritaire, le panneau est placé au dessus de celui d'entrée d'agglomération.

· Hors agglomération

A la sortie de l'agglomération, si la route perd son caractère prioritaire, vous rencontrerez cette signalisation.

LA PRIORITÉ PONCTUELLE

· Règle

Ce panneau indique que vous serez prioritaire uniquement à la prochaine intersection. C'est une priorité ponctuelle.

Après l'intersection, vous devez respecter la signalisation de priorité implantée.

· Exemple de situation :

Ordre de passage : la voiture grise et la voiture bleue passent, ensuite la voiture rouge s'engage si la voie est libre.

LE SENS GIRATOIRE

Le sens giratoire se caractérise par :

1/ une signalisation avancée de direction permettant de choisir sa destination.

2/ un panneau de danger indiquant que vous ne serez pas prioritaire à l'intersection.

3/ un panneau de "cédez le passage" et son marquage au sol situés aux abords du sens giratoire rappelant que les véhicules circulant sur l'anneau sont prioritaires.

LE SENS GIRATOIRE

Pour bien prendre un carrefour à sens giratoire :
Votre placement sur le sens giratoire va dépendre de la direction choisie.

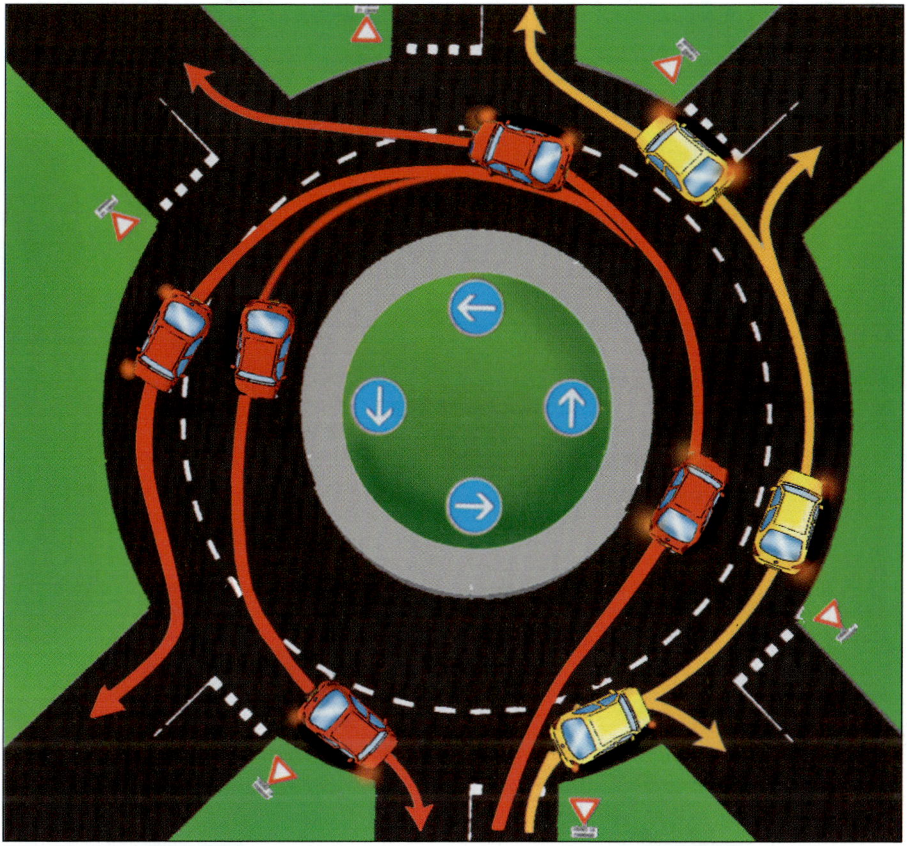

- restez à droite pour aller à droite ou en face (flèche orange),
- rapprochez-vous du centre pour aller à gauche ou faire demi-tour (flèche rouge).

Dans les sens giratoires à plusieurs voies, c'est celui qui change de voie qui doit céder le passage.

Particularités :
1/ Si vous ne connaissez pas votre sortie, restez sur la voie de droite.
2/ En l'absence de signalisation, les usagers circulant sur l'anneau doivent céder le passage à ceux qui entrent (règle de la priorité à droite).

LES SIGNES DES AGENTS

Dans certains cas, la circulation peut être régulée par des agents. Leurs différents signes vous indiquent le comportement à adopter.

Agent de face ou de dos :
arrêtez-vous

Agent de profil :
passez sans vous arrêter

Agent levant le bras :
arrêtez-vous

Agent balançant le bras de haut en bas :
ralentissez

Important :

Les signes des agents annulent et remplacent les informations données par les panneaux, le marquage au sol et les feux.

POINTS CLÉS

Dans les intersections sans signalisation et avec le panneau ci-contre, la règle de la priorité à droite s'applique.

A un "cédez le passage", l'arrêt n'est pas obligatoire si la route abordée est libre.

A un "stop", l'arrêt est obligatoire dans tous les cas.

Ne pas confondre

La route à caractère prioritaire :
priorité à toutes les intersections.

La priorité ponctuelle :
priorité uniquement à la prochaine intersection.

Important :

Lorsque une intersection est encombrée vous ne devez pas vous y engager même si vous êtes prioritaire.

Le sens giratoire

Le placement sur un sens giratoire dépend de la direction à prendre.
Lorsque cette signalisation est implantée, vous devez laisser le passage aux véhicules circulant déjà sur l'anneau.

ÉVALUATION

1

A 200 mètres, je serai prioritaire :

Oui A
Non B

2

A 150 mètres, je vais rencontrer un stop :

Oui A
Non B

3

Ce panneau m'annonce une priorité à droite :

Oui A
Non B

Il est répété environ tous les 5 Km :

Oui C
Non D

4

Je dois céder le passage au véhicule blanc :

Oui A
Non B

5

Ce véhicule est prioritaire :

Oui A
Non B

Je ralentis :

Oui C
Non D

Réponses : 1 B - 2 B - 3 B C - 4 A - 5 B C

LES FEUX

Les feux

Les feux tricolores
Les feux en forme de flèche
Les feux avec et sans panneaux
Les feux clignotants
Les feux spéciaux
Cas particuliers
Les feux pour piétons
Les points clés
Auto-évaluation

FEUX TRICOLORES

· Annonce de feux tricolores

Ce panneau est implanté, en présignalisation, lorsque les feux risquent de surprendre le conducteur (exemple : à la sortie d'un virage). Pour renforcer sa présence, un feu jaune clignotant peut le compléter.

· Le feu vert

Autorisation de passer

Vous êtes prioritaire mais vous devez tout de même contrôler à droite et à gauche à l'intersection.

Vous ne devez pas vous engager si vous risquez d'être bloqué dans l'intersection lorsque le feu deviendra rouge.

· Le feu jaune

Arrêt sauf en cas d'urgence

Il précède de quelques secondes le feu rouge. Vous devez vous arrêter sauf si vous êtes trop près du feu et que le freinage est délicat pour vous (arrêt dans l'intersection), voire dangereux pour les autres (véhicule qui vous suit de trop près entraînant, en cas de freinage, un accident).

· Le feu rouge

Arrêt obligatoire interdiction de passer

Vous devez vous arrêter à l'aplomb du feu ou au niveau de la ligne d'effet.

· La flèche jaune clignotante

Elle autorise les usagers à franchir un feu rouge s'ils suivent la direction indiquée par la flèche jaune clignotante.

Les précautions à respecter :

- s'engager à faible allure,
- céder le passage aux piétons traversant au niveau de votre feu,
- céder le passage aux véhicules circulant sur la chaussée abordée.

Particularité : A Paris, vous devez obligatoirement marquer l'arrêt avant de vous engager.

· La ligne d'effet des feux

Elle indique l'endroit précis où vous devez vous arrêter quand le feu est rouge.
Cette ligne peut se trouver à quelques mètres en retrait du feu afin que les véhicules encombrants puissent tourner plus facilement.

FEUX EN FORME DE FLÈCHE

En plus de l'information apportée par la couleur (vert - jaune - rouge), ces feux donnent des indications pour chaque direction.

On trouve souvent ces feux lorsque la chaussée est divisée par des voies à flèches directionnelles.

La photo nous indique :

- passage autorisé pour aller tout droit et tourner à droite (feu vert).

- passage interdit, obligation de s'arrêter pour tourner à gauche (feu rouge).

FEUX AVEC ET SANS PANNEAUX

· Le comportement à adopter

Lorsque les feux fonctionnent normalement, vous ne devez pas tenir compte du panneau situé sous le feu.

vous êtes prioritaire à la prochaine intersection

Lorsque les feux sont éteints ou jaune clignotants, vous devez respecter l'information indiquée par le panneau situé sous le feu.
Dans tous les cas, ralentissez et restez très vigilant car ces situations sont rares et peuvent entraîner des confusions chez les autres usagers.

vous devrez céder le passage à la prochaine intersection

· Les feux éteints sans panneau

Attention, lorsqu'il n'y a pas de panneau sous le feu, vous devez appliquer la règle de la priorité à droite.

FEUX CLIGNOTANTS

· Le feu clignotant rouge

Il signifie : arrêt absolu jusqu'à extinction des feux.

On les rencontre :
- à certains passages à niveau,
- aux traversées de zones aériennes, (aérodromes)
- aux entrées de ponts mobiles,
- aux appontements de bacs,
- aux débouchés de casernes de pompiers.

· Le feu clignotant jaune

Il signifie : prudence, ralentir

Il est placé à des endroits dangereux (ex : intersection) et sert à attirer l'attention des conducteurs.

Ce feu ne modifie pas les règles de priorité.

· Les feux clignotants des agents

Leur signification est différente suivant les couleurs :
- jaune = ralentissez
- rouge = arrêtez-vous

Ils sont utilisés par :
- la police,
- la gendarmerie,
- les douanes.

Ils sont tenus à bout de bras ou implantés provisoirement sur la chaussée.

FEUX SPÉCIAUX

· Les feux d'affectation de voies

Ils réglementent la circulation de certaines voies et indiquent les postes de péages ouverts et fermés sur autoroute.

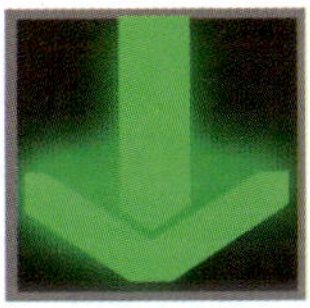

VOIE AUTORISÉE OU POSTE DE PÉAGE OUVERT

VOIE INTERDITE OU POSTE DE PÉAGE FERMÉ

· Les feux bicolores

Ils se rencontrent principalement aux péages des autoroutes

PASSEZ

ARRÊTEZ-VOUS

LES CAS PARTICULIERS

· Les feux temporaires

Ils régulent la circulation alternée dans certaines zones de travaux.
Le feu vert est remplacé par un feu jaune clignotant pour rappeler que c'est une zone dangereuse.
Feu jaune clignotant : Passez avec prudence.
Feu rouge : Arrêtez-vous

Particularité : Lorsque la circulation est faible le feu jaune clignotant peut être placé au milieu.

· Les feux de catégories

Certains feux ne s'adressent qu'à une catégorie d'usager, comme les cyclistes, les bus...

Si vous ne conduisez pas ces véhicules, ces feux ne vous concernent pas.

· Les feux jaunes remplaçant le feu vert

Un feu jaune peut se trouver à l'emplacement habituel du feu vert.
Il annonce un danger particulier et autorise à passer en respectant les règles de priorité indiquées par la présence ou non d'un panneau sous le feu. S'il n'y a pas de panneau, vous devez appliquer la règle de la priorité à droite.

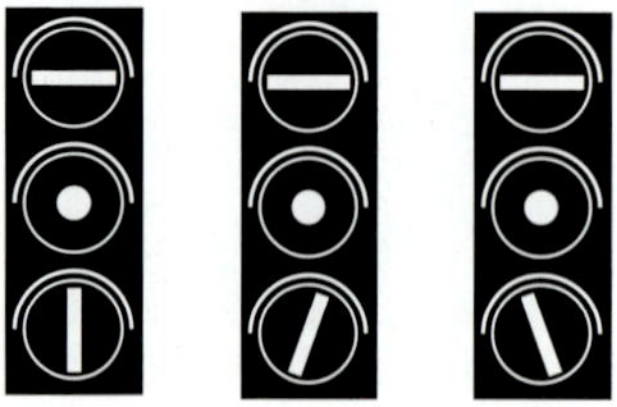

· Les feux pour tramways

Ces feux servent uniquement aux conducteurs de tramways.
La barre verticale du bas est inclinée à droite ou à gauche pour indiquer la direction autorisée.

LES CAS PARTICULIERS

· Un agent règle la circulation

Lorsqu'un agent règle la circulation, il annule et remplace les indications données par les feux et la signalisation.
Vous devez respecter uniquement les règles de circulation données par l'agent.

· Ordre d'importance :

L'agent prime sur les feux.

Les feux priment sur les panneaux.

Feux éteints ou clignotants

FEUX POUR PIÉTONS

· Le personnage est vert

Il signifie que les piétons sont autorisés à passer. Ils sont prioritaires sur les autres usagers qui, eux, doivent respecter un feu rouge.

· Le personnage passe du vert au rouge

Il signale au piétons qu'ils peuvent finir de traverser, mais il est trop tard pour s'engager.

· Le personnage est rouge

Il signifie que les piétons ne doivent pas traverser. Les feux des autres usagers sont déjà au feu vert ou vont bientôt l'être.

POINTS CLÉS

Les feux tricolores :

Vert : autorisation de passer

Jaune : arrêt sauf en cas d'urgence

Rouge : arrêt obligatoire

Feux et panneaux

On tient compte du panneau si les feux sont en panne ou clignotants.

Feux spéciaux

Ils servent à affecter les voies de circulation ou de péages.

Voie autorisée

Voie interdite

Feux uniques clignotants

Rouge : arrêt absolu

Jaune : ralentir

ÉVALUATION

1

Ce panneau m'annonce la proximité d'un feu tricolore :

Oui A

Non B

2

Ce feu est implanté :

Aux intersections A

Aux passages à niveau B

3

Dans cette situation, je tiens compte du panneau situé sous le feu :

Oui A

Non B

4

Pour franchir ce péage, je dois utiliser une des voies signalées par une flèche verte :

Oui A

Non B

5

Ce signal interdit aux piétons de traverser :

Oui A

Non B

Réponses : 1 A - 2 B - 3 B - 4 A - 5 A

ARRÊT ET STATIONNEMENT

L'arrêt et le stationnement

DÉFINITIONS

· L'arrêt

C'est l'immobilisation temporaire d'un véhicule sur la route.

L'arrêt permet :

- de faire monter ou descendre des passagers,
- de charger ou décharger votre véhicule.

Conditions : un conducteur doit rester au volant ou à proximité du véhicule pour le déplacer si nécessaire.

· Le stationnement

C'est l'immobilisation d'un véhicule sur la chaussée ou l'accotement, quelle que soit la durée, pour une raison autre que celles caractérisant l'arrêt (montée ou descente de passagers, chargement ou déchargement du véhicule).

DIFFÉRENTS STATIONNEMENTS

· Hors agglomération

Le jour : vous stationnez sur les aires de repos, sur les parcs de stationnement ou sur l'accotement droit, dans le sens de la marche sans empiéter sur la chaussée.

Vous pouvez utiliser l'accotement gauche :
- si l'accotement droit est impraticable ou trop étroit, et, si une ligne continue ne vous interdit pas de traverser la route.

La nuit : si vous stationnez sur un parking ou l'accotement, vous n'avez pas besoin de signaler votre véhicule.
En revanche, si vous immobilisez votre véhicule sur la chaussée, vous devez allumer les feux de position.

· En agglomération

Le jour : dans les rues à double sens de circulation, vous devez stationner et vous arrêter à droite dans le sens de circulation.
Il est interdit de stationner à gauche.
Dans les rues à sens unique, si la largeur de la rue le permet, vous pouvez stationner à droite comme à gauche.

La nuit : Si vous stationnez sur la chaussée et que l'éclairage public est insuffisant, vous devez allumer vos feux de position.

Si vous stationnez sur un parking ou sur la chaussée dans une zone allumée toute la nuit, vous n'avez pas à signaler votre véhicule.

Particularité : Il est interdit de s'arrêter et stationner sur les trottoirs sauf si une signalisation l'autorise.

DIFFÉRENTS STATIONNEMENTS

· **En créneau :** Votre véhicule est garé parallèlement au trottoir.

· **En épi :** Votre véhicule est garé en biais, avec une seule roue touchant le trottoir.

· **En bataille :** Votre véhicule est garé perpendiculairement au trottoir.

Remarque : il est préférable de stationner votre véhicule en marche arrière, pour avoir une meilleure visibilité lorsque vous repartirez.
A Paris, le stationnement en marche arrière est obligatoire.

SIGNAUX D'INTERDICTIONS

· Arrêt interdit

La ligne jaune continue peinte sur le trottoir indique que l'arrêt et le stationnement sont interdits le long de ce trottoir.

· Stationnement interdit

La ligne jaune discontinue peinte sur le trottoir indique que le stationnement est interdit le long de ce trottoir.
En revanche, l'arrêt est toléré.

SIGNAUX D'INTERDICTIONS

· Arrêt interdit

Ce panneau signifie que l'arrêt et le stationnement sont interdits du côté où se trouve le panneau.

Cette interdiction s'applique :
- à partir du panneau et jusqu'à la prochaine intersection,
- sur la chaussée et sur l'accotement.

· Stationnement interdit

Ce panneau signifie que le stationnement est interdit du côté du panneau, en revanche, l'arrêt est toléré.

Cette interdiction s'applique :
- à partir du panneau et jusqu'à la prochaine intersection,
- sur la chaussée et sur l'accotement.

SIGNAUX D'INTERDICTIONS

· Les panonceaux

Les panneaux réglementant l'arrêt et le stationnement peuvent être complétés par des panonceaux indiquant la zone concernée par la signalisation.

Le stationnement est interdit à partir du panneau.(début de l'interdiction)

Stationnement interdit à droite et à gauche du panneau. Ce panneau est placé parallèlement à l'axe de la chaussée.

Le stationnement est interdit avant et après le panneau. (rappel de l'interdiction)

Le stationnement est interdit jusqu'au panneau. (fin de l'interdiction)

Stationnement interdit pour certains types d'usagers.

STATIONNEMENT UNILATÉRAL

De nombreuses villes réglementent le stationnement en fonction du numéro des immeubles et de la date.

Il s'agit du stationnement unilatéral à alternance semi-mensuelle. Lorsque toute la ville est concernée par cette réglementation, ce panneau carré est placé à l'entrée de l'agglomération.

· La règle

La première quinzaine (du 1 au 15 inclus), le stationnement est autorisé du côté des immeubles portant des numéros impairs.

La deuxième quinzaine (du 16 au dernier jour du mois inclus), le stationnement est autorisé du côté des immeubles portant des numéros pairs.

Le changement de côté s'effectue le dernier jour de la quinzaine (le 15 et le dernier jour du mois) entre 20 h 30 et 21 h 00.

Rappel : vous devez toujours stationner dans votre sens de circulation.

STATIONNEMENT UNILATÉRAL

Certaines rues peuvent être à stationnement alterné sans tenir compte du numéro des immeubles mais uniquement de la date.

Ce panneau signifie que le stationnement est interdit du côté du panneau du 1 er au 15.

Exemple :
Le 12 Mars je n'ai pas le droit de stationner du côté du panneau.

Ce panneau signifie que le stationnement est interdit du 16 au dernier jour du mois du côté du panneau.

Exemple :
Le 23 Mars je n'ai pas le droit de stationner du côté du panneau.

Rappel : vous devez toujours stationner dans votre sens de circulation.

LE STATIONNEMENT PAYANT

· Le stationnement payant

Vous êtes averti que le stationnement est payant par un panneau portant ce symbole ou par le mot "payant" inscrit sur la chaussée.

L'horodateur :

Cet appareil est implanté pour plusieurs emplacements de stationnement.
Il délivre, après paiement, un ticket que vous devez placer derrière votre pare-brise, face imprimée lisible de l'extérieur. Il indique l'heure limite de stationnement autorisé.

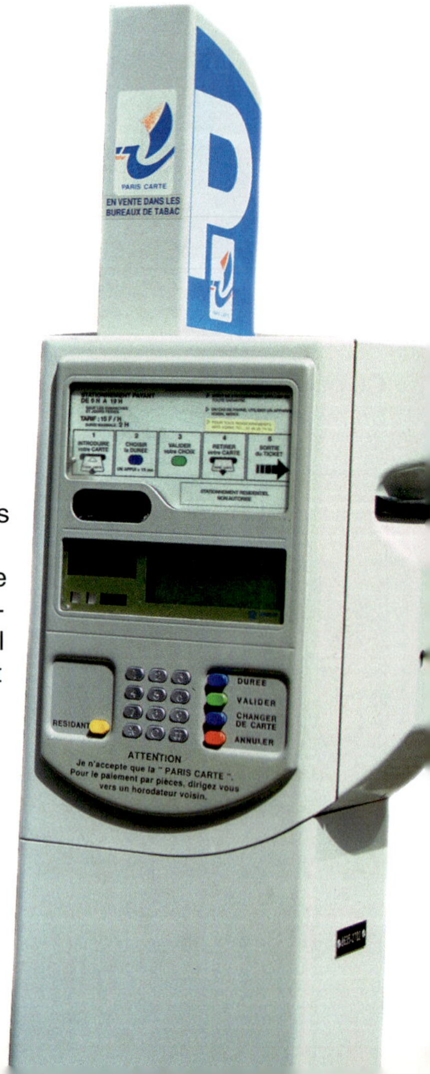

LA ZONE BLEUE

· La zone bleue

Les panneaux avec ce symbole et le marquage au sol bleu indiquent que vous êtes dans une zone où le stationnement est :

- à durée limitée,
- gratuit,
- contrôlé par disque.

La durée de stationnement est libre entre 11 h 30 et 14 h 30 et limitée à 1 h 30 entre 9 h et 19 h.

Mode d'emploi :

vous devez régler votre disque sur l'heure d'arrivée et le placer derrière votre pare-brise.

Le disque vous indique l'heure à laquelle vous devez revenir sous peine d'être verbalisé.

ARRÊTS ET STATIONNEMENTS GÊNANTS

Même si aucune signalisation ne l'indique, il est interdit de s'arrêter ou stationner aux endroits suivants :

- Sur les voies réservées à la circulation de certains usagers (trottoir, passage piétons, piste cyclable, couloir de bus...)

- A un emplacement où votre véhicule empêcherait le dégagement ou l'accès à un parking.

- Aux emplacements réservés à certaines catégories de véhicules (bouches incendie, arrêts d'autobus, taxis, ambulances, personnes handicapées...)

Particularité :

Ce symbole signifie que le stationnement est réservé aux personnes handicapées et vous devez respecter la totalité de l'emplacement dessiné au sol.

ARRÊTS ET STATIONNEMENTS GÊNANTS

- A proximité des panneaux ou des feux lorsque votre véhicule les rend moins visibles.

- Sous les ponts, passages souterrains, tunnels...

- Sur le bord de la chaussée dans le cas où les autres usagers seraient obligés de chevaucher une ligne continue ou des zébras pour vous dépasser.

Particularité :

Stationnement abusif

Il est interdit de laisser un véhicule en stationnement au même endroit sur la voie publique pendant plus de 7 jours consécutifs. Cette durée peut être inférieure dans certaines agglomérations.

ARRÊTS ET STATIONNEMENTS DANGEREUX

Il est interdit de s'arrêter ou de stationner si la visibilité est insuffisante.

Une signalisation n'est pas nécessaire pour rappeler que l'arrêt et le stationnement sont interdits à proximité :

- des passages à niveau

- des intersections

- des virages

- des sommets de côte

Particularité :

L'arrêt toléré :

L'arrêt est toléré, mais le stationnement est interdit :
en double file, devant les portes cochères et devant les garages.

POINTS CLÉS

Définition : L'arrêt est une immobilisation temporaire et le conducteur peut déplacer sa voiture rapidement.

Les 3 types de stationnement

Créneau

Epi

Bataille

Le stationnement unilatéral à alternance semi-mensuelle

Du 1 au 15 stationnement côté numéros impairs.

Du 16 au dernier jour du mois stationnement côté numéros pairs.

L'interdiction de stationner

Le stationnement peut être interdit par une signalisation (panneau, marquage) mais aussi par les lieux (ex : trottoirs).

ÉVALUATION

1
Pour stationner dans cette zone, je dois mettre un disque de stationnement :

Oui A
Non B

Le stationnement est gratuit :

Oui C
Non D

2
Ce panneau signale que je peux stationner en empiétant sur le trottoir :

Oui A
Non B

3
Le stationnement est interdit après le panneau :

Oui A
Non B

L'arrêt est interdit après le panneau :

Oui C
Non D

4
Après le panneau, il est interdit de faire un arrêt et de stationner :

Oui A
Non B

5
Ces véhicules sont stationnés en :

créneau A
bataille B
épi C

Réponses : 1 A C - 2 A - 3 A D - 4 A - 5 B

LA VITESSE

La vitesse

Les limitations de vitesse
Le temps de réaction
La distance de freinage
La distance d'arrêt
L'intervalle de sécurité
La force centrifuge
L'adhérence
Le chargement
La ceinture de sécurité
Les dispositifs de retenue pour enfants
Les points clés
Auto-évaluation

LES LIMITATIONS DE VITESSE

· Règle

Vous devez toujours rester maître de votre vitesse et de votre véhicule. Cela signifie qu'il faut respecter les limitations de vitesse, mais aussi adapter sa vitesse aux circonstances (météo, état de la route, densité de circulation...).

LES VITESSES MAXIMALES AUTORISÉES

A

Pour les jeunes conducteurs

TYPE DE ROUTE / METEO	AUTOROUTES	ROUTES séparées par un terre-plein ou autoroutes limitées à 110 km/h	Autres ROUTES	AGGLOMERATION
Beau temps sec	110	100	80	50
Précipitations	110	100	80	50
Visibilité inférieure à 50 mètres (ex : brouillard)	50	50	50	50

Pour les conducteurs expérimentés

TYPE DE ROUTE / METEO	AUTOROUTES	ROUTES séparées par un terre-plein ou autoroutes limitées à 110 km/h	Autres ROUTES	AGGLOMERATION
Beau temps sec	130	110	90	50
Précipitations	110	100	80	50
Visibilité inférieure à 50 mètres (ex : brouillard)	50	50	50	50

LES LIMITATIONS DE VITESSE

· Vitesse limitée par la signalisation

- Un panneau de limitation est implanté lorsqu'il existe un danger potentiel.
Vous devez respecter cette signalisation et ne pas dépasser la vitesse inscrite dans le panneau.

- Le panneau "entrée d'agglomération" signifie que la vitesse est limitée à 50 Km/h dans toutes les rues de cette ville et que l'usage de l'avertisseur sonore est interdit sauf en cas de danger immédiat.

- Dans les rues prioritaires et comportant peu d'habitations, la vitesse en agglomération peut être relevée à 70 Km/h.
- La vitesse peut être inférieure à 50 Km/h pour des raisons de sécurité. (ex : 30 Km/h)

Lorsque le panneau est situé sur le même support que le signal d'entrée d'agglomération, cette limitation de vitesse s'applique à toutes les rues de la ville.

Un panneau implanté après le panneau d'entrée d'agglomération indique que cette vitesse maximale est applicable uniquement dans cette rue.

LES LIMITATIONS DE VITESSE

· Le lieu-dit

Il signale un groupe d'habitations où la réglementation particulière aux agglomérations ne s'applique pas. La vitesse n'est pas limitée à 50 Km/h, mais vous devez ralentir en fonction du danger.

· Les panneaux de danger

Ils vous annoncent une zone dangereuse où vous devrez ralentir même si vous êtes prioritaire.

· Autres circonstances

Vous devez aussi ralentir à l'approche :

- des feux tricolores qui peuvent changer de couleur,

- des feux jaunes clignotants qui annoncent un danger,

- d'un passage à niveau.

LES LIMITATIONS DE VITESSE

· Vitesse limitée par le tracé de la route

Vous devez ralentir dans les situations suivantes car elles sont potentiellement dangereuses :

- sommet de côte du fait de la visibilité réduite,

- descente abrupte : Il faut réduire sa vitesse, utiliser le frein moteur et freiner par intermittence pour éviter un emballement de la voiture et prévenir une défaillance des freins,

- route déformée et présence de gravillons pour éviter une perte d'adhérence,

- virage, pour anticiper sur l'effet de la force centrifuge et la réduction de visibilité.

LES LIMITATIONS DE VITESSE

· Vitesse limitée par les autres usagers

Transport en commun : lorsque vous croisez ou dépassez un bus à l'arrêt, ralentissez, des piétons peuvent déboucher rapidement.

Piétons : ralentissez aux abords des passages piétons et soyez particulièrement attentif aux enfants et aux personnes âgées.

Cyclistes : ralentissez pour gérer un éventuel écart de leur part.

Ralentissez aussi :
- aux intersections,
- en présence d'un véhicule prioritaire,
- à proximité de travaux,
- en présence d'animaux.

· La fin de limitation de vitesse

Ce panneau signifie que la vitesse n'est plus limitée à 30 km/h. Vous pouvez rouler à la vitesse maximale autorisée.

Ce panneau met fin à toutes les interdictions* précédemment signalées, dont la limitation de vitesse.
Vous pouvez rouler à la vitesse maximale autorisée.

** sauf les interdictions concernant le stationnement et l'arrêt.*

Ce panneau indique que vous sortez d'une agglomération. La vitesse n'est donc plus limitée à 50 Km/h. Vous pouvez rouler à la vitesse maximale autorisée, sauf si un panneau signale une vitesse inférieure.

LE TEMPS DE RÉACTION

· Définition

C'est le temps qui s'écoule entre la perception d'un signal ou d'un événement (1) (ici, le hérisson qui traverse), l'analyse du conducteur (2) et l'action apportée en réponse (ex : freinage) (3)

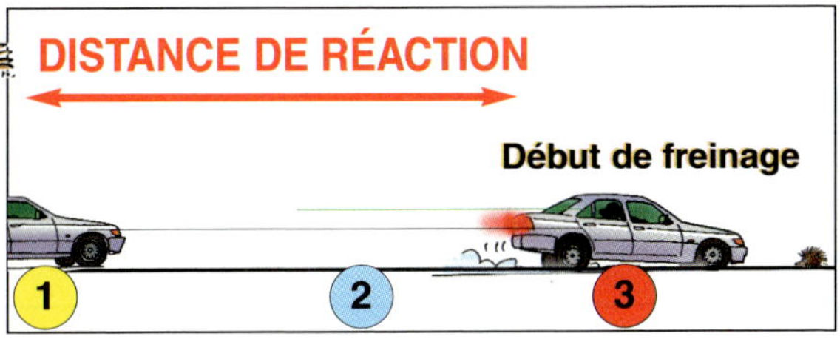

La durée du temps de réaction en conditions normales est estimée à 1 seconde en moyenne.

Le temps de réaction peut varier en fonction de l'attention, de l'état physique, de la fatigue, de la consommation d'alcool ou de médicaments....

· Calcul rapide

Pour calculer rapidement la distance parcourue pendant le temps de réaction (1 seconde), il suffit de multiplier par 3 le chiffre des dizaines de la vitesse.

ex : à 50 Km/h, vous parcourez environ :
5 x 3 = 15 mètres en 1 seconde

Vitesse	Coefficient	Distance de réaction
5~~0~~ Km/h	**3**	**15 mètres**
8~~0~~ Km/h	**3**	**24 mètres**
10~~0~~ Km/h	**3**	**30 mètres**
11~~0~~ Km/h	**3**	**33 mètres**

La distance de réaction est donc importante, même à une faible vitesse. La vigilance et la prudence au volant sont donc de rigueur en toutes circonstances.

LA DISTANCE DE FREINAGE

· Définition

C'est la distance parcourue par votre véhicule entre le début du freinage et son arrêt complet.

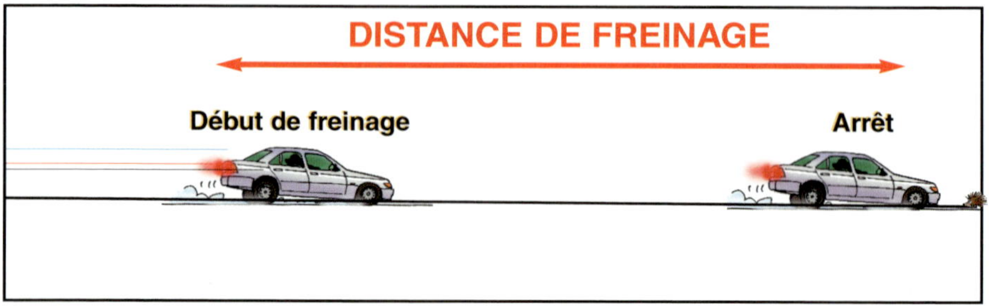

· Les freins

Le rôle des freins de votre véhicule consiste à transformer l'énergie cinétique (élan accumulé par le véhicule) en chaleur par frottement. Cette transformation permet d'arrêter votre véhicule.

· Les facteurs qui influencent la distance de freinage

1/ la vitesse :

La distance de freinage est proportionnelle au carré de la vitesse.
Lorsque la vitesse double, la distance de freinage est multipliée par quatre.
Lorsque la vitesse triple, la distance de freinage est multipliée par neuf.

2/ le chargement :

plus votre véhicule est chargé, plus la distance de freinage est importante.

3/ l'adhérence :

sur une route mouillée, la distance de freinage est deux fois plus importante que sur une route sèche, car les roues se bloquent plus facilement.

LA DISTANCE D'ARRÊT

· Définition

La distance d'arrêt est égale à la distance parcourue pendant le temps de réaction à laquelle s'ajoute la distance de freinage.

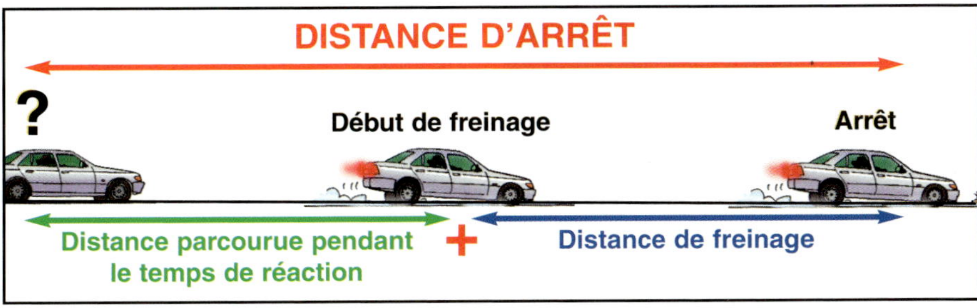

La distance d'arrêt varie en fonction :

- de la vitesse

- de l'adhérence des pneus (état des pneus, route mouillée...)

- du chargement du véhicule (poids, position des charges...)

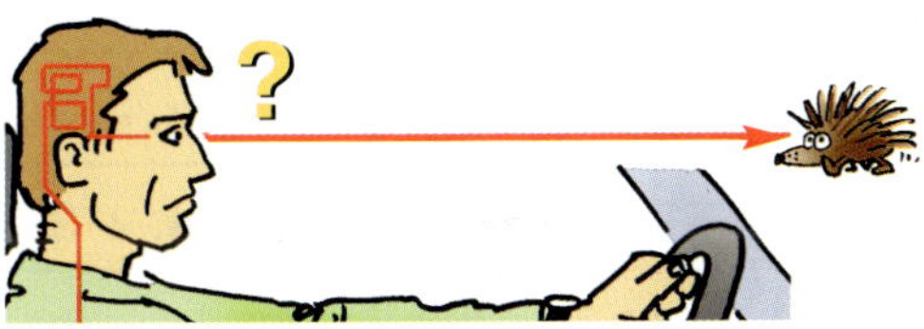

- de la durée du temps de réaction

· **Calcul rapide :** multipliez le chiffre des dizaines de la vitesse par lui-même et vous obtenez la distance d'arrêt moyenne sur route sèche.

Vitesse	Calcul (Route sèche)	Route sèche	Route mouillée
50	5~~0~~ x 5	25 mètres	38 mètres
80	8~~0~~ x 8	64 mètres	96 mètres
100	10~~0~~ x 10	100 mètres	150 mètres
110	11~~0~~ x 11	121 mètres	182 mètres

· **Calcul route mouillée :** Distance d'arrêt sur route sèche + la moitié de cette même distance d'arrêt. (ex : à 100 Km/h = 100 m + 50 m = 150 m).

L'INTERVALLE DE SÉCURITÉ

· Définition

Il correspond à une distance de sécurité que vous devez respecter entre votre véhicule et celui qui vous précède.

Pour se donner le temps de réagir, vous devez conserver un intervalle minimum de sécurité de deux secondes.

· Calcul de la distance de sécurité

Une fois que vous avez calculé votre distance de réaction d'une seconde, il suffit de multiplier par 2 le chiffre obtenu pour avoir une bonne distance de sécurité.

Vitesse	1 sec. + 1 sec.	Distance de sécurité
50 Km/h	**15 m. + 15 m.**	**30 mètres**
80 Km/h	**24 m. + 24 m.**	**48 mètres**
100 Km/h	**30 m. + 30 m.**	**60 mètres**
110 Km/h	**33 m. + 33 m.**	**66 mètres**

· Sur autoroute

Sur autoroute, l'intervalle de sécurité minimum correspond à deux traits de la bande d'arrêt d'urgence.

· Réglementation

Le non-respect des distances de sécurité est puni d'une amende forfaitaire de 135 euros, d'un retrait de 3 points et d'une suspension de permis pouvant atteindre 3 ans.

L'INTERVALLE DE SÉCURITÉ

· Astuce

Pour vous aider à estimer cet intervalle, il existe un "truc" :

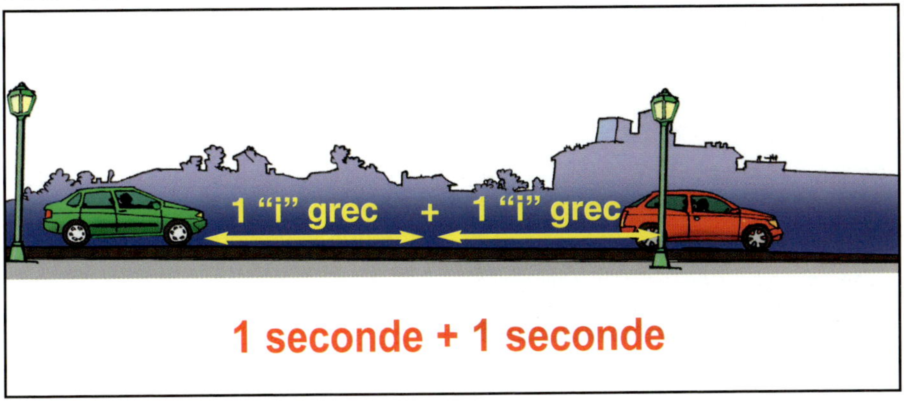

Lorsque la voiture qui est devant vous (ici, la rouge) passe devant un repère fixe (ici, le réverbère), prononcez calmement "un Y" (un "i" grec), à deux reprises.
Lorsque vous passez à votre tour devant ce repère fixe, vous devez avoir entièrement fini de prononcer deux fois "un Y" (ce qui prend environ deux secondes).

De cette façon, vous respectez la bonne distance de sécurité !

LA FORCE CENTRIFUGE

· Définition

Dans les virages, le véhicule subit une force qui le pousse vers l'extérieur de la courbe : c'est la force centrifuge.

La force centrifuge augmente :
- lorsque le virage est serré (rayon faible),
- lorsque le véhicule est chargé,
- si le véhicule roule à une vitesse élevée.

· Les consignes pour bien prendre un virage :

- ralentir avant d'aborder le virage,
- adapter sa vitesse à la difficulté du virage (rayon, visibilité...),
- garder une vitesse constante dans le virage,
- éviter de freiner dans le virage.

· Les effets de la force centrifuge

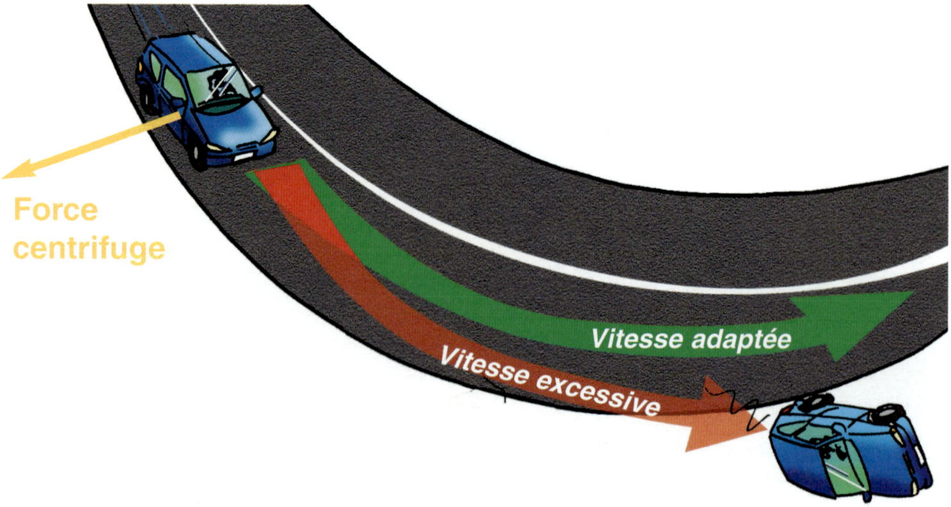

L'ADHÉRENCE

L'adhérence est assurée par les pneumatiques en contact avec la chaussée.
L'adhérence diminuera si la route subit les contraintes suivantes :

- pluie

- feuilles mortes.

- boue

- gravillons

- neige et verglas

La chaussée est glissante, vous devez adapter votre vitesse pour éviter que votre voiture dérape et que vous en perdiez le contrôle.

· Signalisation

Projection de gravillons

Chaussée glissante

LE CHARGEMENT

· L'énergie cinétique

L'énergie cinétique est proportionnelle au poids du véhicule et de son chargement. Cela implique que plus le véhicule est chargé, plus la distance de freinage du véhicule est longue.

De plus, un véhicule chargé a une suspension qui s'écrase. La maîtrise de la direction est donc plus difficile et entraîne une altération de la tenue de route.

· La réglementation sur le chargement

- A l'arrière, lorsque le chargement dépasse de plus d'un mètre, il faut accrocher à l'extrémité un dispositif réfléchissant. Ce dispositif doit être complété par un feu rouge la nuit ou en cas de visibilité réduite, mais il ne doit en aucun cas dépasser de plus de trois mètres ou traîner sur le sol.

- A l'avant, le chargement ne doit jamais dépasser du véhicule.

· Conseils sur le rangement des bagages

Le meilleur emplacement pour les bagages est le coffre.

Ne posez pas d'objets sur la plage arrière car ils masquent la visibilité et risquent d'être projetés sur les occupants en cas de freinage brutal.

LA CEINTURE DE SÉCURITÉ

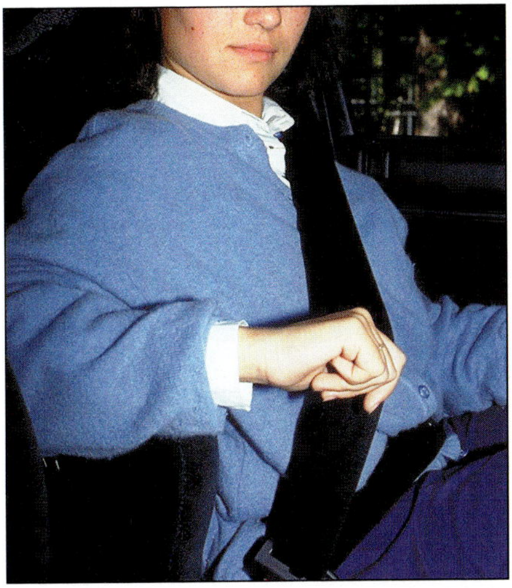

· La violence du choc

La ceinture est obligatoire pour tous les occupants du véhicule. Les enfants de moins de 10 ans doivent être à l'arrière dans un dispositif homologué adapté à leur âge et à leur morphologie.

· Sanctions

Le non-respect du port de la ceinture entraine une amende de 135 € et une réduction de 3 points sur le permis de conduire.

· Les dispenses permanentes

- les personnes ayant un certificat délivré par la commission médicale de la préfecture,
- les conducteurs de taxis en service,
- les personnes dont la taille est inadaptée,
- en intervention d'urgence, pour tout conducteur ou passager des véhicules des services de police, de gendarmerie, des douanes, de lutte contre l'incendie, ainsi que les véhicules des unités mobiles hospitalières et des ambulances.

· Les dispenses uniquement en agglomération

- le conducteur et le (ou les) passager(s) avant des véhicules effectuant des livraisons de porte à porte,

- le conducteur et le (ou les) passager(s) avant des véhicules des services publics dont le travail nécessite de s'arrêter fréquemment.

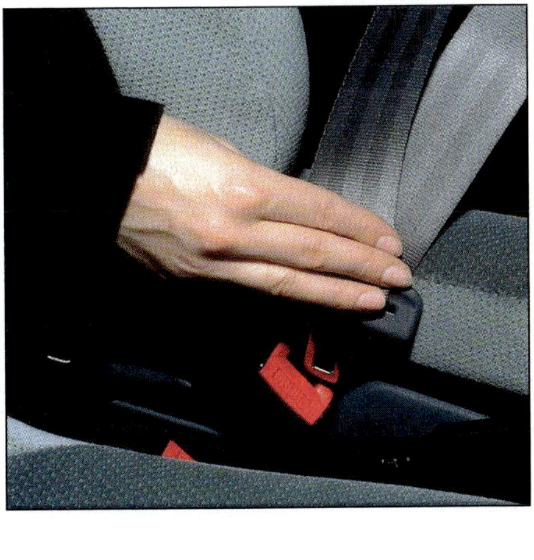

RETENUES POUR ENFANTS

Les enfants de moins de dix ans doivent être installés à l'arrière dans un dispositif adapté à leur âge et de leur poids.

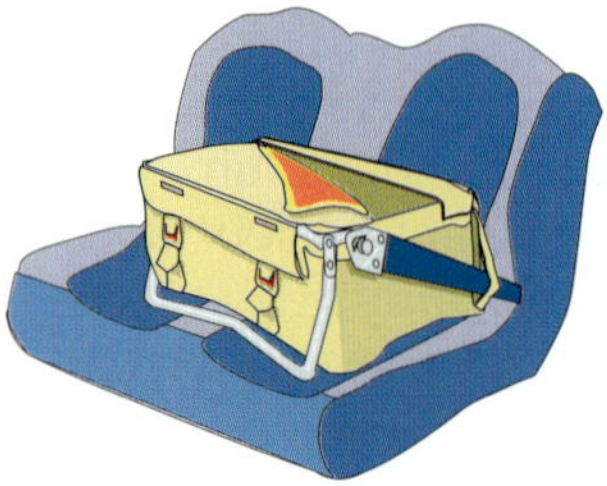

De 0 à 9 mois (- de 9 kg)

- lit avec filet ou bandeau de maintien
- porte bébé dos vers l'avant du véhicule

De 9 mois à 4 ans (de 9 à 18 kg)

- Siège auto homologué.
- Ne pas mettre le siège dos à la route côté passager si la voiture est équipée d'un air bag (sac gonflable).

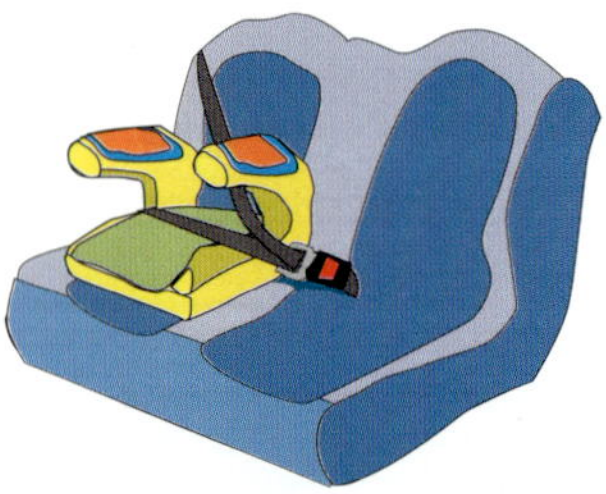

De 4 ans à 10 ans (+ de 15 kg)

- Siège rehausseur à l'arrière avec harnais ou ceinture.

De même, le conducteur doit s'assurer que tout enfant de moins de 10 ans est retenu par un système homologué de retenue pour enfant adapté à sa taille et à son poids.
Toutefois, l'utilisation d'un système homologué de retenue pour enfant n'est pas obligatoire :
- Pour tout enfant dont la taille est adaptée au port de la ceinture de sécurité,
- Pour tout enfant muni d'un certificat médical d'exemption,
- Pour tout enfant transporté dans un taxi, dans un véhicule de remise ou tout autre véhicule affecté au transport public routier de personnes, ou dans un véhicule de transport en commun.

POINTS CLÉS

Les vitesses maximales autorisées, applicables aux conducteurs possédant le permis depuis moins de deux ans sont inférieures à celles concernant les conducteurs expérimentés, sauf par temps de pluie et de brouillard.
Les vitesses peuvent être limitées par un panneau mais aussi par d'autres situations rencontrées sur la route.

Le temps de réaction d'un conducteur en pleine possession de ses moyens est d'environ une seconde.

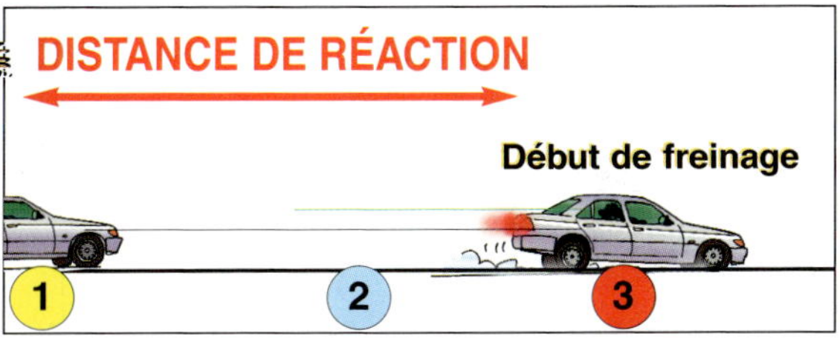

La distance d'arrêt

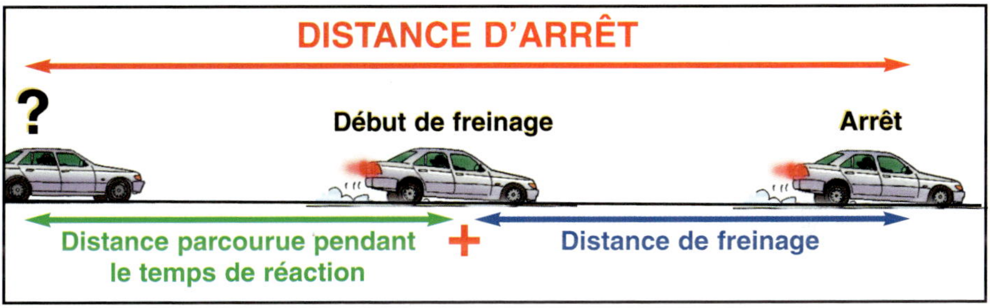

Calcul = chiffre des dizaines de la vitesse multiplié par lui-même.
Exemple : distance d'arrêt à 50 Km/h = 5 x 5 = 25 mètres

L'intervalle de sécurité à respecter avec un véhicule qui vous précède doit être au minimum d'une seconde. Mais pour augmenter la marge de sécurité, il est préférable de laisser 2 secondes.

ÉVALUATION

1

La vitesse est limitée à 30 Km/h uniquement pour les cyclistes :

Oui A
Non B

2

Après ce panneau, je pourrai rouler à :

70 Km/h A
80 Km/h B
90 Km/h C

3

Titulaire du permis depuis moins de 2 ans, je suis limité à une vitesse de :

70 Km/h A
80 Km/h B
90 Km/h C

4

Après ces panneaux, ma vitesse sera limitée à 50 Km/h :

Oui A
Non B

5

A partir de ces panneaux, je pourrai rouler à :

40 Km/h A
50 Km/h B
70 Km/h C

Réponses : 1 B - 2 A B - 3 B - 4 B - 5 A B

CROISEMENT ET DÉPASSEMENT

Croisement et dépassement

LE CROISEMENT

· Règle

Sur la chaussée, vous devez serrer à droite en croisant les autres véhicules pour éviter les risques d'accrochage.

· La chaussée étroite

Si la chaussée est étroite ou en mauvais état, le véhicule le plus encombrant (+ de 2 mètres de large, ou + de 7 mètres de long) doit s'arrêter ou se garer pour faciliter le croisement avec un véhicule plus petit.

Exception : Vous devez faciliter le passage des véhicules de transport en commun (bus) circulant en agglomération.

· Obstacle sur la chaussée

Lorsque qu'un obstacle (travaux, véhicule...) se trouve sur votre voie, vous devez laisser la priorité de passage aux véhicules venant en sens inverse. Pour cela, vous devez ralentir, voire vous arrêter.

Particularité :
une signalisation réglemente parfois la priorité de passage sur des chaussées étroites.

Cédez le passage à la circulation venant en sens inverse

Priorité par rapport à la circulation venant en sens inverse

CROISEMENT SUR CHAUSSÉE EN PENTE

1/ Croisement possible sans marche arrière :
Le véhicule qui descend doit s'arrêter le premier pour faciliter le passage du véhicule qui monte.

2/ Croisement possible mais avec une marche arrière :

Véhicules de même catégorie

Le véhicule qui descend doit effectuer la marche arrière sauf si le véhicule montant dispose d'un emplacement pour se garer.

Véhicule unique et véhicule avec remorque ou caravane

On ne tient plus compte de la pente, c'est le véhicule le plus maniable qui doit effectuer la marche arrière. Le véhicule unique doit reculer.

Véhicule léger et poids-lourd

On ne tient plus compte de la pente, c'est la véhicule léger qui doit effectuer la marche arrière.

DÉPASSEMENT

· Règle

Le dépassement s'effectue en général par la gauche.

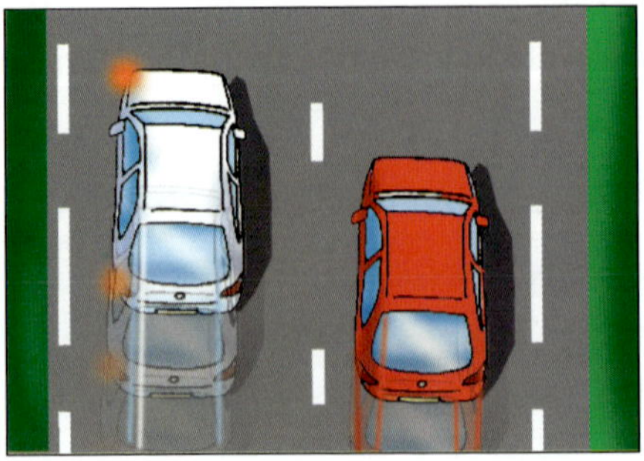

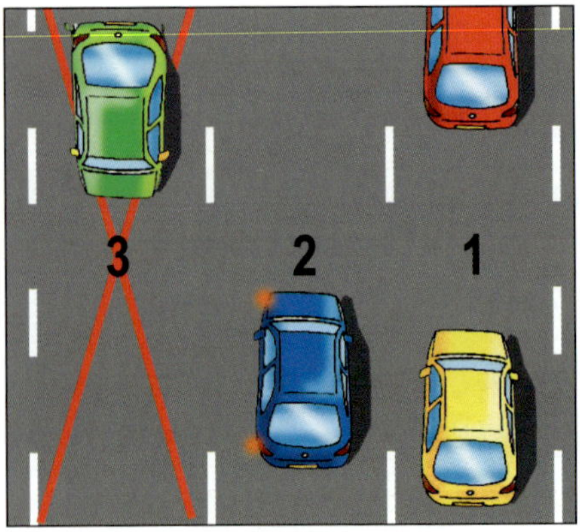

· La route à trois voies à double sens de circulation

Les dépassements s'effectuent uniquement en utilisant la voie centrale. Vous pouvez l'utiliser si aucun usager ne s'y trouve déjà (dans votre sens de circulation et en sens inverse).

La voie la plus à gauche ne doit jamais être utilisée pour circuler ou dépasser. Elle est réservée aux véhicules circulant en sens inverse.

· Le dépassement par la droite

Le dépassement par la droite est autorisé dans les circonstances suivantes :

- l'usager qui vous précède signale son intention de tourner à gauche (clignotant à gauche),

ET

- l'espace sur la droite est suffisant pour dépasser.

· Avant de dépasser

Vitesse :
pour pouvoir dépasser en toute sécurité, vous devez rouler au moins 20 Km/h plus vite que le véhicule qui vous précède.
Vous ne devez pas rouler au dessus de la vitesse maximale autorisée même pour un dépassement.

Visibilité vers l'avant :
pour améliorer votre visibilité vers l'avant, ne restez pas trop près du véhicule à dépasser. Au besoin, vous pouvez vous déporter légèrement vers l'axe de la chaussée.
Avant de commencer votre dépassement, vérifiez qu'aucun usager (piéton, cycliste...) n'obligera le véhicule de devant à se déporter vers la gauche.

Visibilité vers l'arrière :
avant d'entamer la manœuvre, vous devez vérifier dans vos rétroviseurs intérieur et extérieurs qu'aucun véhicule n’est pas déjà en train de vous dépasser.

Les angles morts :
ce sont des zones non visibles dans les rétroviseurs, Vous devez donc tourner la tête sur la gauche pour couvrir cette zone.

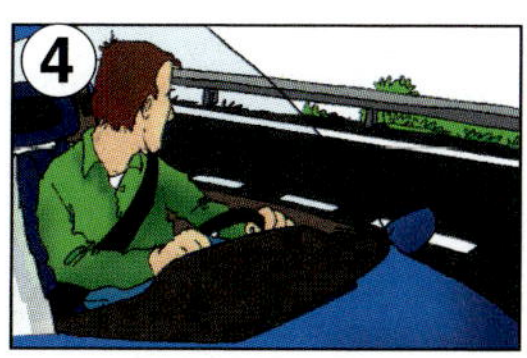

DÉPASSER

· Les étapes

Lorsque la chaussée est libre dans les deux sens et que la signalisation vous y autorise, vous pouvez dépasser. Les principales étapes sont les suivantes :

- actionner le clignotant à gauche,
- accélérer et au besoin rétrograder (sans dépasser la vitesse maximale autorisée),
- déboîter en laissant un intervalle d'une dizaine de mètres derrière l'autre véhicule,
- dépasser en maintenant l'accélération et en conservant une distance latérale de sécurité,
- se rabattre lorsque vous apercevez le véhicule dépassé dans le rétroviseur intérieur.
- Allumer le clignotant droit si nécessaire.

· La vitesse

Pour occuper le moins longtemps la voie de gauche, vous devez rouler au moins 20 Km/h plus vite que le véhicule dépassé.

Si vous roulez à 90 Km/h (par exemple sur une route pour automobiles), il vous faudra 10 secondes et 250 mètres pour dépasser un véhicule qui roule à 70 Km/h.

· Les distances de sécurité

Vous devez dépasser uniquement si l'espace entre les véhicules qui vous précèdent est suffisant. De plus, ne vous intercalez pas dans les intervalles de sécurité que respectent ces véhicules.

Vous devez respecter un intervalle latéral raisonnable entre vous et le véhicule dépassé.

Cette distance latérale est d'au moins 1 mètre en agglomération et 1,5 mètre hors agglomération lors du dépassement de deux-roues, de piétons et d'animaux.

ÊTRE DÉPASSÉ

Si un usager vous dépasse, vous devez faciliter sa manœuvre, même si elle vous paraît irrégulière.

Pour cela, vous devez :
- serrer le plus possible à droite,
- maintenir votre allure.

Vous ne devez jamais accélérer car cela augmente la durée du dépassement et met l'autre usager dans une situation délicate.
Ce comportement est d'ailleurs sanctionné, notamment par une suspension du permis de conduire.

En général vous ne devez pas ralentir. Par contre si le véhicule qui vous dépasse se trouve à votre hauteur dans une situation dangereuse, ralentissez afin de faciliter son rabattement et vous éviterez un accident potentiel.

La nuit :
Lorsque l'usager qui vous dépasse arrive à votre hauteur, vous devez passer en feux de croisement pour ne pas l'éblouir. A ce moment, l'autre usager passera en feux de route.

AUTORISATION DE DÉPASSER

· Les dépassements autorisés

Le dépassement est autorisé lorsqu'aucune signalisation ne l'interdit. En revanche, les situations qui suivent sont particulières mais il est bon de rappeler que le dépassement est autorisé, à condition de suivre quelques indications.

Passage à niveau avec barrières
Il est conseillé de dépasser après les barrières.

Passage pour piétons
Le dépassement peut se faire après s'être assuré qu'aucun piéton n'est engagé ou ne désire traverser.

Intersection prioritaire
Le dépassement est possible mais vous devez ralentir pour anticiper sur un éventuel danger.

Dépassement d'un deux-roues
Le dépassement des cycles, cyclomoteurs, et motos est autorisé dans les virages et les sommets de côtes si la moitié gauche de la chaussée reste libre et si vous respectez les distances latérales de sécurité (1 mètre ou 1,5 mètre).

AUTORISATION DE DÉPASSER

Dépassement de plusieurs véhicules en une seule fois

Cette manoeuvre est autorisée à condition de laisser le clignotant durant tout le dépassement et après s'être assuré qu'aucun véhicule ne va déboîter.

Manque de visibilité

Si la visibilité est insuffisante (virage, sommet de côte, brouillard...), vous pouvez dépasser si une ligne continue ou un terre-plein protège votre voie.

Dépassement à un feu tricolore

Il est possible de dépasser à la hauteur d'un feu vert à condition de ralentir pour anticiper une éventuelle situation dangereuse.

Fin de prescription

Après ces panneaux, le dépassement devient autorisé.

INTERDICTION DE DÉPASSER

· Les dépassements interdits

Il est interdit de dépasser dans les cas suivants :

Signalisation verticale
A partir de ce panneau, le dépassement de tous les véhicules à moteur, sauf les deux roues sans side-car, est interdit.

La fin d'interdiction de dépasser est signalée par l'un des panneaux ci-contre, ou celui-ci si le dépassement était interdit dans l'agglomération.

Signalisation horizontale
La ligne continue interdit tout dépassement.
Il est aussi interdit de chevaucher cette ligne.
Vous ne devez jamais dépasser au niveau d'une flèche de rabattement si vous n'êtes pas sûr d'avoir terminé votre dépassement avant la ligne continue.

Dans les intersections
Il est interdit de dépasser à une intersection où vous devez céder le passage.

NB : le dépassement d'un deux-roues dans une intersection avec priorité à droite est possible si la visibilité est suffisante.

Aux passages à niveau
Le dépassement est interdit sur les passages à niveau sans barrière.

POINTS CLÉS

Les principes d'un dépassement :
- dépassement autorisé par la signalisation,
- visibilité suffisante vers l'avant et l'arrière,
- respect des limitations de vitesse,
- respect des distances de sécurité.

Les croisements dans les passages étroits

Le véhicule le plus encombrant doit laisser le passage au véhicule plus petit, sauf si une signalisation impose une autre règle.

Les croisements dans les chaussées en pente

Lorsque le croisement est difficile, le véhicule qui descend doit s'arrêter le premier. Si une marche arrière est nécessaire, le véhicule le plus maniable doit effectuer cette manoeuvre.

ÉVALUATION

1

Je dépasse :

Oui A
Non B

2

Je peux continuer le dépassement de ce véhicule :

Oui A
Non B

3

Je peux dépasser le véhicule qui me précède :

Oui A
Non B

4

Je peux dépasser :

Oui A
Non B

5

Je peux dépasser ce véhicule par la droite :

Oui A
Non B

Réponses : 1 A - 2 A - 3 B - 4 B - 5 A

L'AUTOROUTE

L'autoroute

DÉFINITION

· L'autoroute

L'autoroute est une chaussée à sens unique séparée par un terre-plein central (1).

Il n'existe aucune intersection. Des ponts permettent aux autres routes de passer au-dessus ou en-dessous de l'autoroute.

Pour entrer sur l'autoroute, vous devez emprunter une bretelle d'accès prolongée par une voie d'accélération (2).

Pour sortir de l'autoroute, vous devez emprunter une voie de décélération, puis une bretelle de sortie (3).

L'entrée d'autoroute est indiquée par ce panneau.

La fin d'autoroute est signalée par ce panneau.

La signalisation verticale

Les panneaux de direction se trouvant sur autoroute sont sur fond bleu.

Le marquage au sol

A droite de la chaussée se trouve la bande d'arrêt d'urgence matérialisée par des traits de 38 mètres et des intervalles de 14 mètres.

Cette voie est utilisée uniquement en cas d'accident, d'incident mécanique ou de malaise du conducteur.

La voie de gauche est séparée du terre plein central par une ligne continue. Cette ligne continue indique que la circulation se fait à sens unique.

L'ACCÈS INTERDIT

L'autoroute est interdite aux usagers qui risquent de perturber la circulation.

· L'accès sur autoroute est interdit aux :

- des piétons
- des animaux
- des véhicules sans moteur
- des véhicules à moteur non soumis à immatriculation, des cyclomoteurs
- des tricycles à moteur dont la puissance n'excède pas 15 kilowatts et dont le poids à vide n'excède pas 550 kg
- des quadricycles à moteur
- des tracteurs, matériels agricoles et de travaux publics
- des ensembles de véhicules dont la circulation est soumise à autorisation du préfet.

DIRECTION

Lorsque vous circulez sur une route conduisant à une autoroute, les panneaux comportent le symbole ci-contre.

Quand un panneau à fond vert contient ce symbole, cela signifie qu'une partie de l'itinéraire signalé emprunte l'autoroute.

· Les panneaux de direction d'autoroute

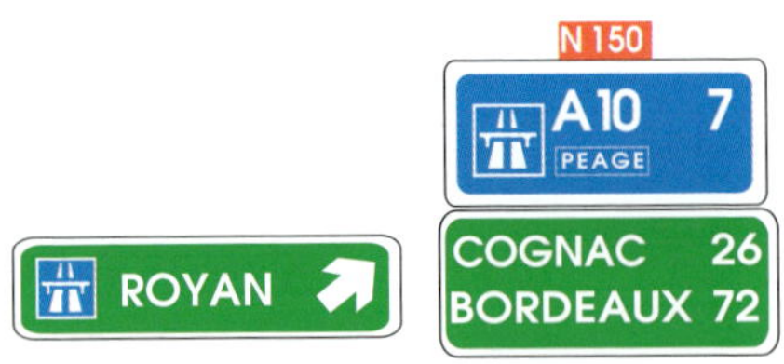

Présignalisation de direction

Signal de position

Signal de position

· L'entrée d'autoroute

L'entrée d'autoroute est signalée par ce panneau.

Ce panneau vous annonce le poste de péage où vous devrez vous arrêter.

Pour pénétrer sur l'autoroute, vous devez utiliser l'un des portiques signalés par une flèche verte.

Au poste de péage, vous devrez prendre un ticket (à l'entrée) ou payer une somme d'argent (à la sortie) en espèces, en chèque ou par carte bancaire.

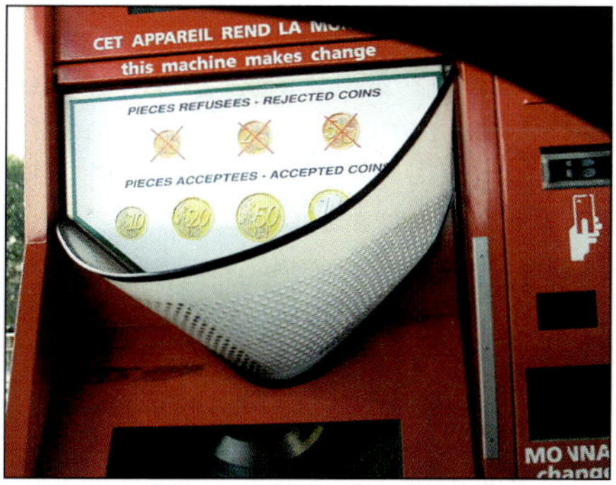

Particularités : Sur certaines portions d'autoroute, le paiement se fait par pièces dans une corbeille de réception.

Lorsque vous avez pris un ticket ou payé la taxe, le feu rouge s'éteint et est remplacé par un feu vert vous autorisant à passer.

RÈGLES DE CONDUITE

· Bretelle d'accès

Elle précède la voie d'accélération. La circulation s'y fait à sens unique.

· La voie d'accélération

Elle prolonge la bretelle d'accès. Elle permet de prendre de la vitesse pour s'insérer dans la circulation.

· L'insertion

Vous devez vous insérer entre les véhicules sans les gêner en tenant compte de leur vitesse et de l'espace qui les sépare.
Vous devez céder le passage aux véhicules circulant sur l'autoroute. Vous ne devez pas obliger ces véhicules à ralentir ou à changer de voie.

RÈGLES DE CONDUITE

· Position sur la chaussée

En marche normale, vous devez rouler sur la voie la plus à droite. Après un dépassement, vous devez regagner cette voie.
Ne confondez pas la voie la plus à droite et la bande d'arrêt d'urgence.

· Les vitesses

La vitesse est limitée par temps sec à 130 Km/h pour les conducteurs expérimentés et 110 Km/h pour les jeunes conducteurs.
Par temps de pluie, la vitesse est limitée à 110 Km/h pour tout le monde.

Particularités :
il existe certaines portions d'autoroute qui sont limitées à 110 Km/h.
L'utilisation de la voie de gauche est possible pour dépasser à condition de rouler au minimum à 80 Km/h.

· L'intervalle de sécurité

Vous devez respecter une distance de sécurité avec le véhicule qui vous précède.
Sur autoroute, la bonne distance correspond à 2 traits de la bande d'arrêt d'urgence soit une distance de 90 mètres.
(traits = 38 m x 2 et l'intervalle =14 m)

LE DÉPASSEMENT

Le dépassement sur autoroute est facilité parce que la circulation se fait à sens unique. Mais la vitesse élevée demande certaines précautions.

· Règles

Pour dépasser, vous devez rouler au minimum à 80 Km/h.
Vous ne devez jamais dépasser un usager par la droite, même s'il reste sur la voie de gauche.

Avant de dépasser :

- vérifiez que la voie est libre devant et derrière,
- mettez le clignotant à gauche et dépassez rapidement,
- utilisez la voie immédiatement à gauche du véhicule à dépasser,
- dépassez plusieurs véhicules en une seule fois si nécessaire,
- rabattez-vous sur la voie de droite dès que possible.

· Les files ininterrompues

Lorsque le trafic se fait à plusieurs véhicules de front sur autoroute et autres chaussées à plusieurs voies, vous devez respecter certains principes :

- Laissez un intervalle de sécurité avec le véhicule qui vous précède même à faible allure.
- Ne zigzaguez pas d'une voie à l'autre pour espérer gagner du temps. Cette manœuvre est dangereuse pour vous et pour les autres usagers.
- Si vous êtes le dernier d'une file où la vitesse est fortement réduite, vous devez utiliser vos feux de détresse pour avertir les autres usagers de ce ralentissement.

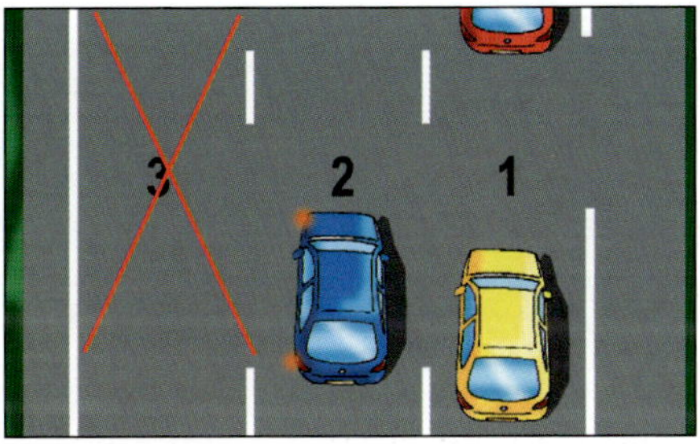

· Chaussée d'autoroute à trois voies

Les véhicules de plus de 3,5 tonnes de PTAC ou de plus de 7 mètres de long ne peuvent circuler que sur les deux voies les plus à droite.

· Les manœuvres interdites

La marche arrière

Vous ne devez jamais faire de marche arrière sur autoroute même en utilisant la bande d'arrêt d'urgence.

Si vous avez manqué votre sortie, continuez jusqu'à l'embranchement suivant qui vous permettra de reprendre votre direction.

Le demi-tour

Vous ne devez jamais :

- faire un demi-tour sur autoroute car la circulation se fait à sens unique,
- franchir la bande centrale séparant les chaussées même aux endroits aménagés pour les véhicules de services et de secours,
- rouler, stationner ou vous arrêter sur les zébras.

ARRÊT ET STATIONNEMENT

L'arrêt et le stationnement sont interdits sur toutes les parties de l'autoroute. Vous pouvez immobiliser votre véhicule uniquement sur une aire de repos.

· Signalisation

Nom de l'aire de repos

restaurant

carburant

cafétéria

Distance de l'aire

Distance du prochain poste de ravitaillement en carburant et de la prochaine cafétéria.

Distance du prochain restaurant

· Les pauses

La conduite sur autoroute étant monotone, vous devez faire des pauses régulières environ toutes les deux heures.

· L'arrêt d'urgence

Vous pouvez immobiliser votre véhicule sur la bande d'arrêt d'urgence en cas de force majeure :
- accident,
- incident mécanique (panne, crevaison…),
- malaise du conducteur.

Dans ces circonstances exceptionnelles, vous devez respecter certaines règles :
- faire descendre les passagers du côté droit du véhicule et les placer derrière le rail de sécurité,

- allumer les feux de détresse et/ou installer un triangle de présignalisation,
- utiliser, si nécessaire, les postes téléphoniques gratuits placés tous les 2 kilomètres qui permettront d'exposer votre problème à la police d'autoroute.

INTEMPÉRIES

· Le vent

Vent fort *Vent moyen* *Vent faible*

Les effets du vent sont proportionnels à la vitesse du véhicule. Pour éviter des écarts de direction trop importants, vous devez ralentir dans les endroits venteux. Des manches à air placées dans les endroits exposés vous permettent de repérer la direction et la force du vent.

· Le brouillard

Dans ces conditions, la visibilité est réduite. Vous devez ralentir, allumer les feux de croisement et/ou de brouillard et augmenter la distance de sécurité.

Lorsque la visibilité est inférieure à 50 mètres, la vitesse est limitée à 50 Km/h, mais rien ne vous empêche de rouler moins vite si la visibilité est encore plus réduite.

· La pluie

Le revêtement de l'autoroute ne permet pas à l'eau de s'écouler facilement. Cela entraîne des risques importants d'aquaplaning et un allongement des distances d'arrêt.
Par temps de pluie, vous devez allumer les feux de croisement et/ou les feux de brouillard avant, augmenter la distance de sécurité et adapter votre vitesse.

BIFURCATIONS

· Les bifurcations d'autoroute

Il s'agit de la division de l'autoroute en deux branches dont chacune constitue une autoroute.
La bifurcation peut se faire avec affectation de voie ou avec voie de décélération.

Les bifurcations avec affectation de voie

A. annonce :
à 7 km, vous pourrez prendre la direction de Valence en prenant l'autoroute 49.

B. Avertissement :
les flèches séparées annoncent des voies spécifiques pour chaque direction. Pour aller à Valence, vous devez rester sur la voie de droite.

C. Présignalisation :
indique la distance de la bifurcation (800 m) et les voies affectées à chaque direction.

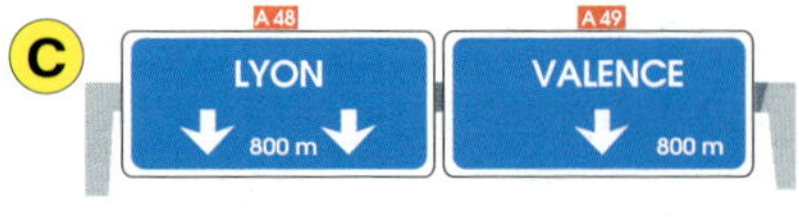

D. Signalisation avancée :
les panneaux sont placés au niveau de la bifurcation et les flèches indiquent les voies à utiliser en fonction de la direction choisie.

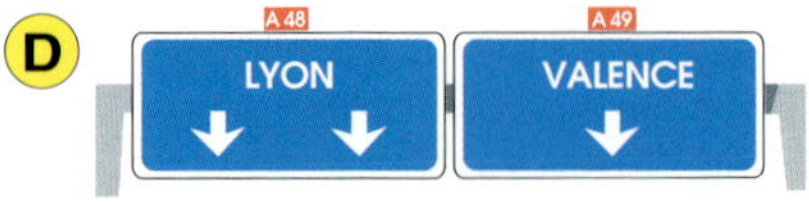

E. Confirmation : elle permet de vérifier la direction choisie.

Les bifurcations sans affectation de voie (avec voie de décélération)

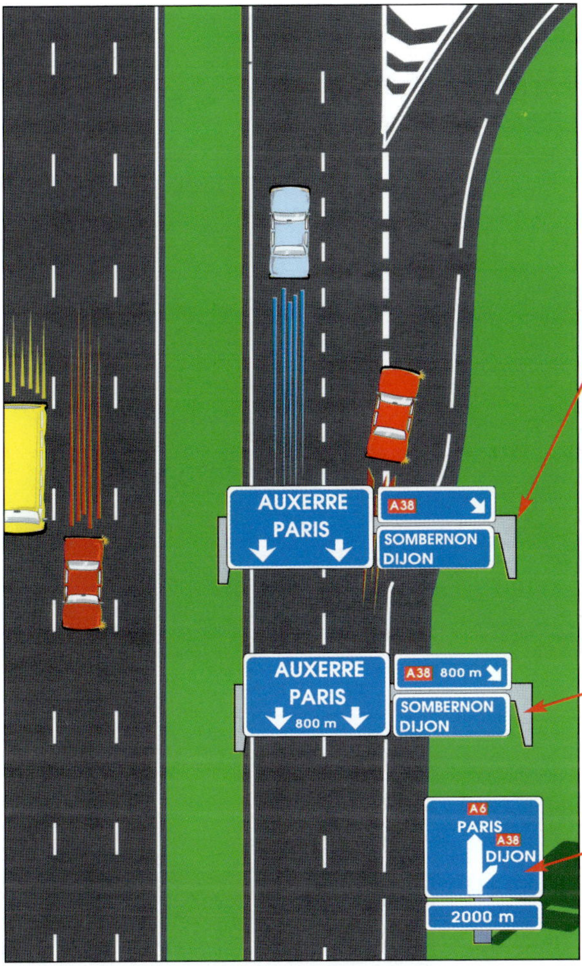

Signalisation avancée :
les panneaux sont placés au niveau de la bifurcation et les flèches indiquent les voies à utiliser en fonction de la direction choisie. Pour aller à Dijon, vous devez utiliser la voie de décélération.

Présignalisation :
indique la distance pour atteindre la bifurcation (800 m).

Avertissement :
il n'existe pas de voie spécifique pour aller à Dijon.

Annonce :
à 7 km, vous pourrez prendre la direction de Dijon par l'autoroute 38.

JONCTIONS ET CROISEMENTS

· La jonction d'autoroutes

C'est un endroit où deux autoroutes se réunissent pour n'en former qu'une seule.
La signalisation réglemente la priorité de passage.

. Les croisements d'autoroutes

Le croisement est un endroit où les usagers peuvent emprunter l'autoroute de leur choix dans les deux sens. Le passage d'une autoroute à l'autre s'effectue grâce à des échangeurs.

SORTIES D'AUTOROUTE

· Les sorties d'autoroutes

Elles jalonnent votre parcours et vous permettent de rejoindre le réseau routier. Une signalisation spécifique permet de vous positionner convenablement pour les utiliser.

Comme pour la bifurcation, elles peuvent être :

avec voie de décélération

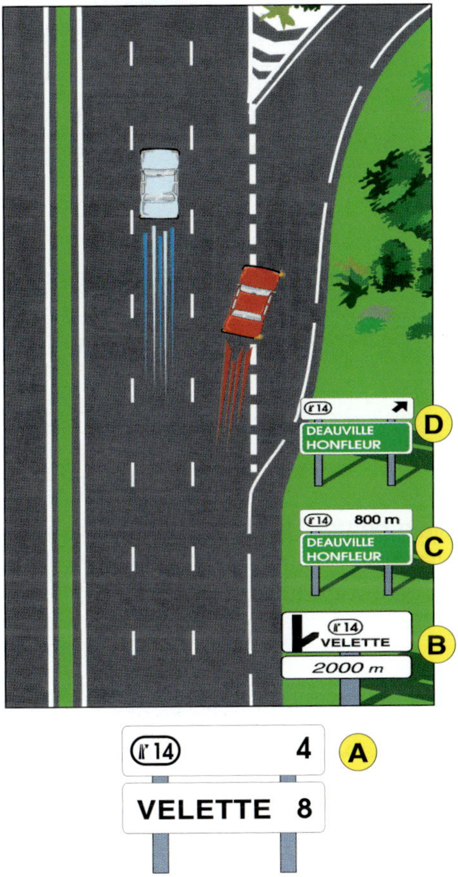

avec affectation de voie

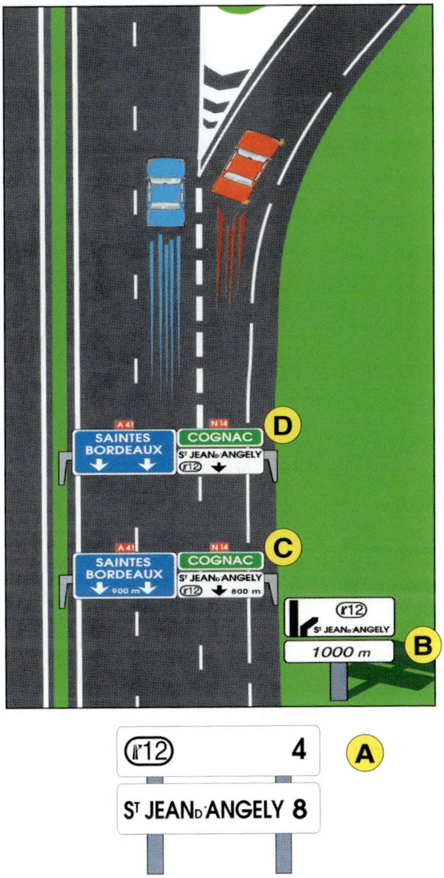

A Annonce

B Avertissement

C Présignalisation

D Signalisation avancée

ROUTE À ACCÈS REGLEMENTÉ

· Signalisation

L'entrée et la sortie d'une route à accès réglementé sont signalées par ces panneaux.

Route à accès réglementé

Fin de route à accès réglementé

Les panneaux de direction sont blancs ou verts.

· Accès

Les usagers qui peuvent circuler sur ce type de route sont les mêmes que sur les autoroutes.
La circulation est interdite aux piétons, cyclistes, cyclomotoristes, voiturettes, tricycles à moteur...

· Règles de circulation

Sur les routes séparées par un terre-plein central, la plupart des règles de circulation sont les mêmes que sur l'autoroute.
L'utilisation des routes à accès réglementé est gratuite.

· Vitesse

Lorsque la circulation se fait à double sens, la vitesse est limitée à 90 Km/h (80 Km/h pour les titulaires du permis depuis moins de deux ans).
Lorsque la circulation se fait à sens unique sur deux chaussées séparées par un terre-plein central, la vitesse est limitée à 110 Km/h (100 Km/h pour les conducteurs titulaires du permis depuis moins de deux ans).

Cas particulier : Le périphérique
Certains boulevards périphériques sont limités à 80 Km/h et à Paris la priorité à droite est applicable.

POINTS CLÉS

La circulation sur autoroute

Entrée d'autoroute

Sortie d'autoroute

Les panneaux sont sur fond bleu

Le stationnement et l'arrêt sont interdits sur toutes les parties de l'autoroute, vous devez utiliser les aires de repos.
Vous pouvez utiliser la bande d'arrêt d'urgence pour immobiliser votre véhicule en cas :
. de panne,
. d'accident,
. de malaise.

La troisième voie est interdite aux véhicules de plus de 3,5 tonnes et de plus de 7 mètres de long.

Les vitesses

	temps sec	temps de pluie	(A) jeune conducteur
autoroutes traditionnelles	130	110	110
autoroutes urbaines	110	100	100

Signalisation des routes à accès reglementé :

Route à accès réglementé

Fin de route à accès réglementé

ÉVALUATION

1

Je sors d'une autoroute :

Oui A
Non B

2

Si je prends à droite, je vais circuler sur une route à accès reglementé :

Oui A
Non B

3

Je suis autorisé à rouler sur une autoroute si je conduis :

une voiture A
un camion B
un cyclomoteur C
un tricycle à moteur D

4

Je vais aborder :

Une jonction d'autoroutes A
Une bifurcation d'autoroute B

5

Je suis prioritaire sur les véhicules arrivant sur ma gauche :

Oui A
Non B

Réponses : 1 A - 2 A - 3 A B - 4 B - 5 B

NUIT, CONDITIONS CLIMATIQUES

La nuit et les conditions climatiques

LA NUIT

La nuit, on ne distingue pas les couleurs et les distances sont difficiles à évaluer. Il existe des règles de conduite spécifiques que vous devez connaître et respecter.

· L'éclairage des véhicules

La nuit, vous devez utiliser les feux en fonction des circonstances et des lieux.
Ils servent à mieux voir mais aussi à être mieux vu des autres usagers.

Vous aurez à votre disposition les feux suivants :

Feux de route

Feux de croisement

Feux de position

Feux de brouillard

Avant

Arrière

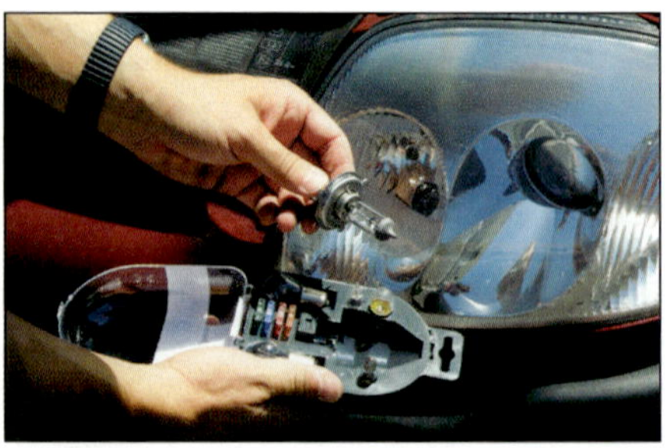

· La boîte d'ampoules

Il est conseillé de posséder une boîte d'ampoules de rechange dans votre véhicule. Cette précaution permettra de changer une ampoule grillée sur place et évitera une immobilisation du véhicule et une amende par les forces de l'ordre.

Conseils :

- vérifier que la boîte d'ampoules est complète,
- faites régler vos feux deux fois par an chez un professionnel.

· Les routes non éclairées

Sur les routes non éclairées, en agglomération et hors agglomération, vous devez circuler en feux de route sauf si vous risquez de gêner un autre conducteur (lorsque vous le suivez ou le croisez).

Hors agglomération, la nuit par temps clair, sur les routes étroites et sinueuses, vous pouvez compléter les feux de route, par des feux de brouillard avant. En présence d'un autre usager, vous devez repasser en feux de croisement.

· Les routes éclairées

Lorsque l'éclairage permet de voir nettement à une distance suffisante, vous pouvez circuler en feux de position ou de croisement suivant les lieux :

1/ En agglomération, vous pouvez rouler en feux de position ou en feux de croisement.

2/ Hors agglomération, vous devez circuler en feux de croisement.

CONDUITE DE NUIT

· Véhicule en face

- Vous devez passer en feux de croisement dès que les feux de route du véhicule en face vous gênent ou dès que ce véhicule passe en feux de croisement. Au cas où ce véhicule reste en feux de route, faites un appel lumineux pour signaler que vous êtes gêné.
- Ralentissez et regardez le bord droit de la chaussée pour ne pas être ébloui.
- Revenez en feux de route dès que l'autre véhicule est passé.

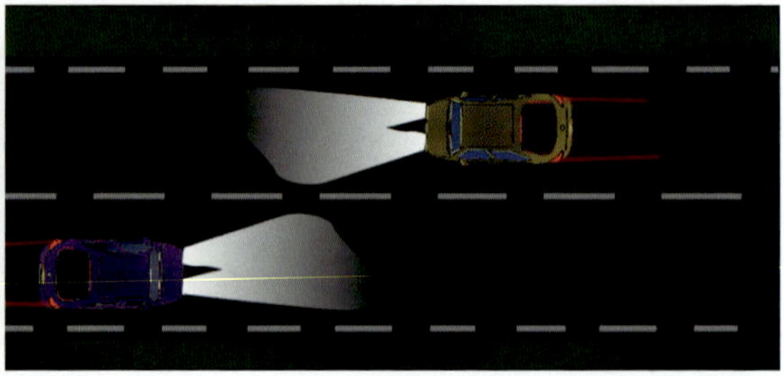

· Suivre un véhicule

Quand vos feux de route commencent à atteindre le véhicule qui vous précède, passez en feux de croisement. Vous éviterez d'éblouir le conducteur dans ses rétroviseurs.

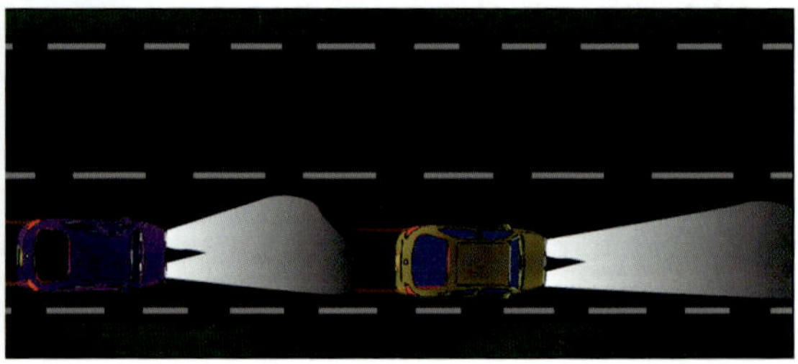

· Véhicule qui vous suit de trop près

Ne déréglez pas votre rétroviseur mais utilisez sa position nuit. Ralentissez sans freiner pour signaler votre gêne au conducteur qui vous suit.

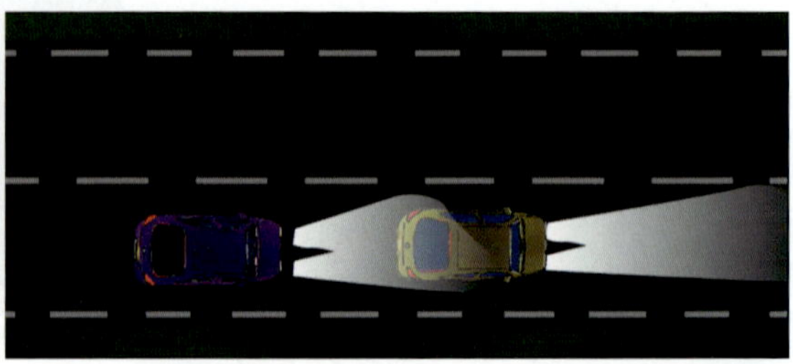

CONDUITE DE NUIT

· Dépassement la nuit

Avant de dépasser, vous pouvez faire un bref appel lumineux pour signaler votre intention à l'autre conducteur.

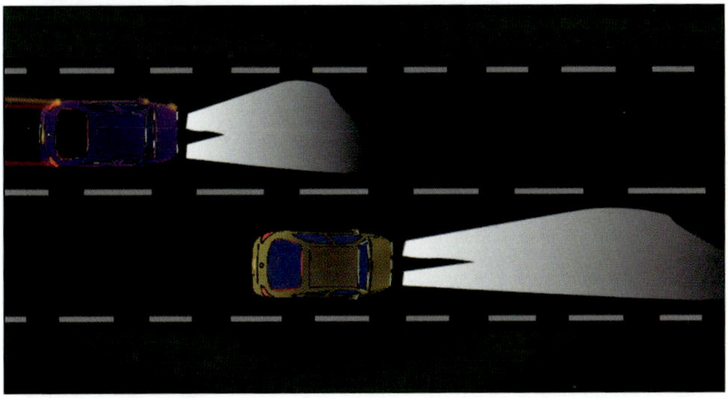

Le véhicule dépassé doit garder ses feux de route tant que le véhicule qui dépasse n'est pas arrivé à sa hauteur.

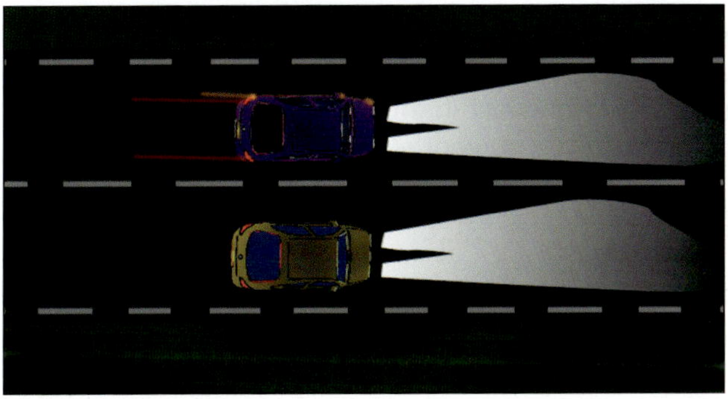

Le véhicule qui dépasse passe en feux de route lorsqu'il se trouve à hauteur du conducteur dépassé pour ne pas l'éblouir.

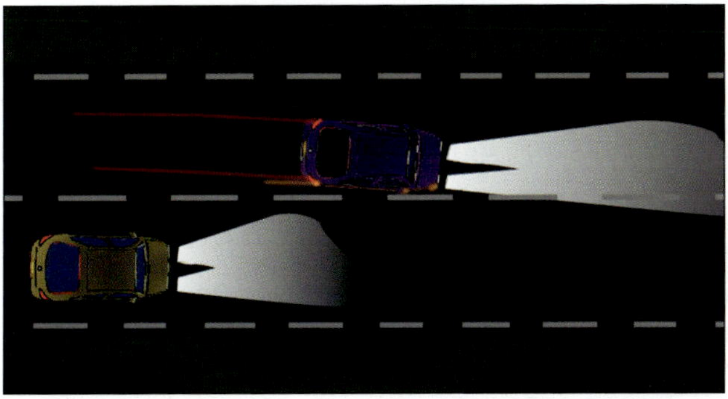

A ce moment, le véhicule dépassé passe en feux de croisement pour ne pas éblouir l'autre conducteur lorsqu'il reprendra sa voie de droite.

LA PLUIE

· La visibilité

Lorsqu'il pleut, la visibilité est réduite.
Il faut donc :
- actionner les essuie-glaces,
- utiliser si nécessaire le lave-glace,
- mettre en route la ventilation,
- allumer les feux adaptés.

Symbole des essuie-glaces

· L'utilisation des feux

Lorsqu'il pleut et que la visibilité est réduite, vous devez allumer vos feux de croisement.
Par temps de forte pluie, vous pouvez aussi allumer les feux de brouillard avant en complément, ou à la place des feux de croisement.
L'usage des feux de brouillard arrière est interdit par temps de pluie car ils éblouissent les conducteurs qui vous suivent.

Feux de croisement

Feux avant de brouillard

Feux arrière de brouillard
usage interdit

· L'utilisation de la ventilation

La pluie peut former de la buée à l'intérieur de la voiture. Vous devez très vite la dissiper en utilisant le désembuage et la ventilation dirigée sur le pare-brise et les vitres.

Ces dispositifs sont représentés par les symboles ci-contre :
1/ témoin de dégivrage arrière,
2/ symbole de ventilation.

1

2

LA PUIE

· L'adhérence

Les sculptures des pneumatiques et la qualité des suspensions permettent aux véhicules d'avoir une bonne tenue de route. Ils doivent être en bon état et vérifiés régulièrement.

Mais il est bon de rappeler que sur une route mouillée, l'adhérence des pneus est diminuée de moitié.

Les règles de conduite par temps de pluie :

- réduire sa vitesse,
- éviter les freinages brusques,
- augmenter les intervalles de sécurité.

· L'aquaplaning ou hydroplanage

En cas de forte pluie et de vitesse soutenue, les pneus n'arrivent plus à évacuer l'eau.
Une couche d'eau s'intercale entre le pneu et la route.

Conséquences : il n'y a plus d'adhérence, la voiture glisse sur l'eau et vous ne contrôlez plus la direction.
C'est ce que l'on appelle **l'aquaplaning**.

Conseils : réduire sa vitesse et avoir des pneus en bon état.

· Quelques dangers particuliers

Le début de pluie : c'est à ce moment que la route est particulièrement glissante, surtout en été, lorsque l'eau se mêle à la poussière de la route.

Les flaques d'eau : elles peuvent déséquilibrer votre voiture, cacher un nid de poule et faire perdre temporairement leur efficacité aux freins.

LE BROUILLARD

· Le brouillard

Il empêche de voir mais aussi d'être vu des autres usagers.
Il faut particulièrement se méfier des nappes isolées qui diminuent brusquement la visibilité.

Les règles de conduite par temps de brouillard :
- allumer les feux,
- réduire sa vitesse,
- augmenter les distances de sécurité,
- se guider avec le marquage au sol.

· L'utilisation des feux

Feux de croisement

Feux avant de brouillard

Feux arrière de brouillard

La visibilité étant réduite, vous devez allumer vos feux de croisement.

Vous pouvez aussi utiliser les feux de brouillard avant et arrière que vous pourrez conserver pour suivre et croiser les autres véhicules. Ces feux doivent être éteints lorsque la visibilité redevient normale.

N'utilisez jamais les feux de route par temps de brouillard, ils créent un mur opaque devant vous.

LE BROUILLARD

· La vitesse

Vous devez adapter votre vitesse à la visibilité.
En outre, si la visibilité est inférieure à 50 mètres, la vitesse maximale autorisée est limitée à 50 Km/h.

· Les repères à utiliser dans le brouillard

Le repère le plus fiable est le marquage au sol.

Vous pouvez vous guider en suivant le marquage au sol peint sur le bord droit de la chaussée.

Attention, évitez d'utiliser le marquage au centre de la route. En effet, vous pourriez avoir tendance à vous décaler dangereusement vers le milieu de la route.

Les derniers conseils :

- ne vous approchez pas trop du véhicule qui vous précède même si ses feux vous servent de guide.
- évitez de dépasser si la visibilité est insuffisante.

LA NEIGE

La neige entraîne une réduction de l'adhérence et de la visibilité.

· Les règles de conduite par temps de neige :

- allumer les feux si nécessaire,
- réduire sa vitesse,
- augmenter les distances de sécurité,
- utiliser les essuie-glace et le système de dégivrage,
- éviter les freinages brusques.

· Utilisation des feux

Lorsque la neige tombe, vous pouvez utiliser les feux de croisement et/ou les feux de brouillard avant et arrière.

Feux de croisement

Feux avant de brouillard

Feux arrière de brouillard

· La signalisation

Chaînes à neige obligatoires sur au moins deux roues motrices

Route ouverte ou fermée à partir d'un lieu précis selon l'enneigement

LE VERGLAS

Le verglas se forme lorsque l'air est humide et que la température est proche de 0 degré. Il diminue l'adhérence et rend la conduite dangereuse. Dans ces conditions, il est préférable de ne pas prendre la route si vous le pouvez.

· Si vous devez rouler, voici quelques conseils :

- roulez lentement,
- accélérez, freinez, et tournez le volant en douceur,
- augmentez les intervalles de sécurité,
- utilisez la deuxième vitesse pour démarrer.

Les endroits régulièrement verglacés sont signalés par ce panneau.

Il existe d'autres endroits propices à l'apparition des plaques de verglas :

- dans les endroits humides (à proximité des rivières et sur ou sous les ponts),
- sur les chaussées exposées au nord,
- dans les forêts,
- dans les vallées...

Vous devez être attentif au moindre signe qui peut vous indiquer sa présence (ex : route brillante).

Pour augmenter l'adhérence sur le verglas, mais aussi sur la neige, il existe des pneus à clous appelés également pneus à crampons.
L'utilisation de ces pneus est autorisée du samedi qui précède le 11 novembre au dernier dimanche de mars de l'année suivante.

Si vous utilisez ces pneus, vous devez :
- mettre ce disque à l'arrière du véhicule,
- ne pas rouler à plus de 90 Km/h.

Remarque : ces pneus ne sont plus fabriqués et sont progressivement remplacés par des pneus “hiver”.

LE VENT

Le vent peut modifier votre trajectoire mais aussi celle des autres usagers.

Si vous roulez avec un vent violent, voici quelques règles de conduite :
- ralentir pour réduire les écarts de direction,
- être attentif aux écarts des autres usagers et particulièrement des deux-roues,
- augmenter les intervalles de sécurité pendant les croisements et les dépassements.

· La signalisation

Les zones régulièrement exposées au vent sont signalées par ce panneau. A proximité de cette signalisation, on trouve souvent des manches à air qui permettent de déterminer la direction et la force du vent.

Les derniers conseils
Vous devez rectifier votre trajectoire lorsque la poussée du vent change et principalement dans les cas suivants :
- dépassement de véhicules lourds,
- fortes rafales de vent,
- passage d'une zone abritée (talus, murs...) à une zone non abritée (et inversement).

POINTS CLÉS

La nuit
La nuit, les feux servent à mieux voir et à être mieux vu des autres usagers.

Ne restez pas en feux de route lors d'un dépassement, d'un croisement et lorsque vous suivez un autre véhicule.

Les intempéries
Par temps de pluie, réduisez votre vitesse et méfiez-vous de l'aquaplaning.

En présence de brouillard, lorsque la visibilité est inférieure à 50 mètres, la vitesse est limitée à 50 Km/h sur toutes les routes et autoroutes.

En cas de vent : tenez compte de la signalisation et des manches à air.

Utilisation des feux de brouillard :
Les feux de brouillard avant sont utilisables en cas de pluie, chute de neige et brouillard.

Feux avant de brouillard

Les feux de brouillard arrière sont utilisables en cas de chute de neige et brouillard.

Feux arrière de brouillard

En cas de verglas, évitez de prendre le volant.

ÉVALUATION

1

Dans un tunnel éclairé, je dois allumer mes feux de croisement :

Oui A
Non B

2

Dans ces conditions, circulant hors agglomération, je dois allumer :

les feux de position seuls A
les feux de croisement B
les feux de route C

3

Ce panneau me signale un danger temporaire :

Oui A
Non B

4

Ce véhicule reste en feux de route, je lui fais un bref appel de phares :

Oui A
Non B

5

L'aquaplaning se rencontre en présence :

de neige A
de brouillard B
de pluie C

Réponses : 1 A - 2 B - 3 B - 4 A - 5 C

USAGERS

Le conducteur

LES DOCUMENTS POUR CONDUIRE

· Les papiers pour conduire :

Un ensemble de documents concernant le conducteur et le véhicule est nécessaire pour circuler.
Certains* devront être présentés lors d'un contrôle de police ou de gendarmerie.

Documents	Désignation / Usages	Validité
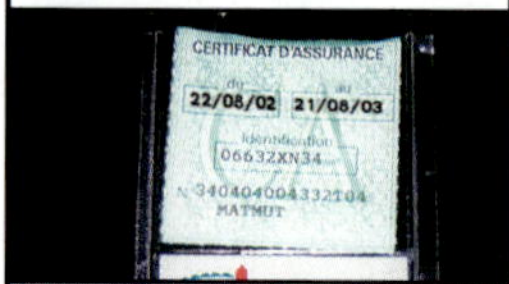	**Certificat d'assurance :** La vignette collée sur le pare-brise indique une présomption d'assurance.	Date indiquée sur le document.
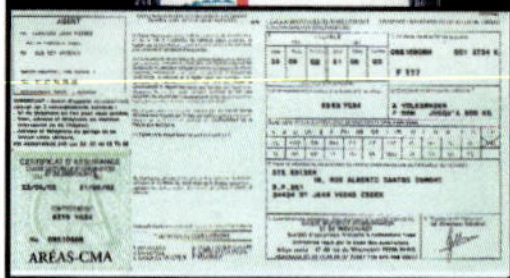	**Attestation d'assurance :** Elle confirme que le véhicule est assuré et doit être présentée en cas de contrôle.	Date indiquée sur le document. Assurance valable 1 mois après cette date.
	**Certificat d'immatriculation** (carte grise) **:** Il indique le nom du propriétaire et les caractéristiques du véhicule (Places, poids,...) Il doit être présenté en cas de contrôle.	Modifié en cas de déménagement dans le département. Changé en cas de déménagement hors du département.
	**Pastille verte :** Elle signale que votre véhicule est peu polluant, et autorisé à circuler les jours de pics de pollution.	Indéterminée.
	**Macaron visite technique :** Il atteste de l'état du véhicule. Visite technique correcte.	Date indiquée sur le document et la carte grise.
	**Permis de conduire :** Il autorise le conducteur à conduire certaines catégories de véhicules.	Limitée en cas de surveillance médicale. Visite médicale obligatoire pour certains permis.

* Vous devez présenter les originaux de vos papiers lors des contrôles.

CATÉGORIES DES PERMIS

	Type de véhicules	Age / Permis
	**Motocyclette légère :** cylindrée limitée à 125 cm3 Equivalence avec le permis A1	16 ans **A1** 20 ans **B** depuis 2 ans
	**Motocyclette :** puissance limitée à 34 cv (25 Kw). Accès après deux ans à toutes les motocyclettes **Motocyclette :** toutes cylindrées	18/21 ans **A** 21 ans **A**
	**Tricycle et quadricycle à moteur**	16 ans **B1**
	**Voiture, fourgonnette, camionnette :** véhicules automobiles ayant un poids total autorisé en charge (PTAC) qui n'excède pas 3 500 kg, affectés au transport de personnes et comportant, outre le siège du conducteur, huit places assises maximum, ou affectés au transport de marchandises. Une remorque d'un PTAC de 750 kg maximum peut être attelée.	18 ans **B**
	**Poids lourd :** véhicule automobile isolé affecté au transport de marchandises dont le PTAC excède 3 500 kg. Une remorque d'un PTAC de 750 kg maximum peut être attelée.	18 ans **C**
	**Transport en commun :** véhicule automobile affecté au transport de personnes comportant plus de huit places assises outre le siège du conducteur ou transportant plus de huit personnes, non compris le conducteur. Une remorque d'un PTAC de 750 kg maximum peut être attelée.	21 ans **D**
	**Véhicule B + remorque :** véhicule attelé d'une remorque de plus de 750 kg, lorsque le PTAC de la remorque est supérieur au poids à vide du véhicule tracteur ou lorsque le total des PTAC (véhicule + remorque) est supérieur à 3 500 kg.	18 ans **E(B)**
	**Véhicule C + remorque :** ensemble de véhicules couplés dont le véhicule tracteur entre dans la catégorie C et la remorque excède 750 kg de PTAC.	18 ans **E(C)**
	**Véhicule D + remorque :** ensemble de véhicules couplés dont le véhicule tracteur entre dans la catégorie D et la remorque excède 750 kg de PTAC.	21 ans **E(D)**

LE PERMIS À POINTS

· Le barème de retrait

Un certain nombre d'infractions donne lieu à un retrait de points. Il existe un barême qui précise le nombre de points retirés en fonction de l'infraction commise.

Infractions donnant lieu à un retrait de : 6 POINTS	. Homicide ou blessures involontaires entraînant une incapacité de travail supérieure à trois mois. . Conduite en état d'alcoolémie ou d'ivresse (à partir de 0,5 g/l de sang). . Conduite sous l'emprise de stupéfiants. . Refus de se soumettre aux vérifications d'alcoolémie. . Délit de fuite. . Refus d'obtempérer, d'immobiliser le véhicule, et de se soumettre aux vérifications. . Usage de fausses plaques d'immatriculation, défaut volontaire de plaques et fausse déclaration. . Entrave ou gêne à la circulation. . Conduite en période de suspension de permis. . Délit de récidive de dépassement de la vitesse maximale autorisée de 50 km/h ou plus.
Infractions donnant lieu à un retrait de : 4 POINTS	. Blessures involontaires entraînant une incapacité de travail n'excédant pas trois mois. . Dépassement de 40 Km/h ou plus de la vitesse autorisée. . Marche arrière ou demi-tour sur autoroute. . Non-respect de la priorité. . Circulation la nuit ou par temps de brouillard sans éclairage ni signalisation. . Non respect de l'arrêt imposé par un stop ou un feu rouge fixe ou clignotant. . Circulation en sens interdit. . Non respect de la priorité des piétons.
Infractions donnant lieu à un retrait de : 3 POINTS	. Circulation sur la bande d'arrêt d'urgence. . Dépassement de la vitesse maximum autorisée compris entre 30 et 39 Km/h. . Dépassement dangereux. . Stationnement la nuit sur la chaussée, dans un lieu sans éclairage, d'un véhicule sans éclairage ni signalisation. . Changement important de direction sans avertir. . Franchissement d'une ligne continue. . Circulation sans motif sur la partie gauche de la chaussée. . Arrêt ou stationnement dangereux. . Non-respect des distances de sécurité. . Ceinture de sécurité non attachée pour le conducteur. . Non port du casque pour le motard.
Infractions donnant lieu à un retrait de : 2 POINTS	. Utilisation d'un téléphone portable pendant la conduite. . Circulation ou stationnement sur le terre-plein central de l'autoroute. . Dépassement de la vitesse maximale autorisée compris entre 20 et 29 Km/h. . Accélération de l'allure par le conducteur d'un véhicule sur le point d'être dépassé.
Infractions donnant lieu à un retrait de : 1 POINT	. Chevauchement d'une ligne continue. . Dépassement de moins de 20 Km/h de la vitesse autorisée. . Maintien des feux de route gênant les conducteurs venant en face.

CONDITION PHYSIQUE

· La conduite et le corps

C'est grâce à la perception visuelle (1), le cerveau (2) et les gestes (3) que l'on conduit. Pour que l'ensemble de ces éléments fonctionne, vous devez être en bonne condition physique.

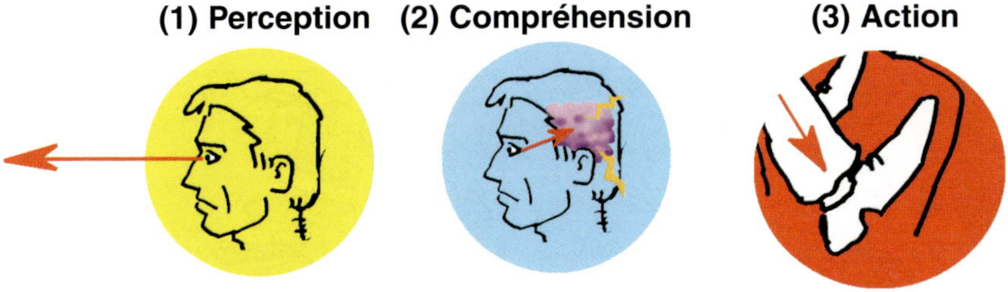

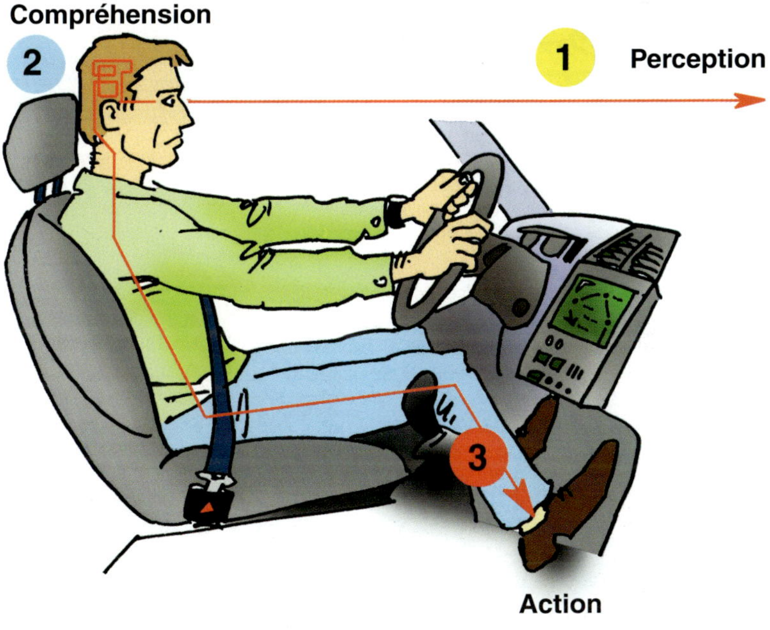

· Règlementation

Certaines altérations physiques sont incompatibles avec la conduite, d'autres imposent des visites médicales périodiques. Dans certains cas, cela va entraîner des restrictions de conduite et des aménagements du véhicule.

CONDITION PHYSIQUE

Voici quatre facteurs que l'on retrouve dans les causes d'accidents. Ils ont tous une influence sur l'état physique du conducteur et altèrent ses capacités à conduire en sécurité.

La fatigue

La maladie et la consommation de médicaments

L'absorption d'alcool

La prise de drogues

· La vue et la conduite

Une bonne vue est essentielle pour la conduite. En effet, l'acuité visuelle permet de distinguer les indices de l'environnement, d'apprécier les distances et les vitesses des autres véhicules.

Les altérations de la vue peuvent prendre différentes formes :

- myopie
- hypermétropie
- astigmatisme
- presbytie....

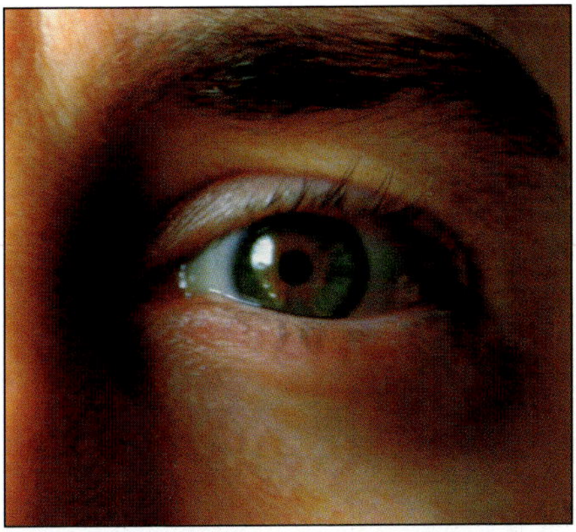

Il est donc nécessaire de passer un contrôle régulier de la vue chez un professionnel pour conduire en sécurité. En effet, plus de 90 % des décisions et des gestes nécessaires à la conduite dépendent des yeux du conducteur.

D'autres circonstances de conduite peuvent altérer notre perception visuelle :
- le crépuscule et la nuit : disparition des couleurs, éblouissement, mauvaise appréciation des formes, des distances et des vitesses.

La vitesse du véhicule : Votre champ visuel est de 180 ° à l'arrêt. Plus votre vitesse augmente, plus votre champ visuel " se rétrécit ", c'est-à-dire que vous ne pouvez plus utiliser les informations qui défilent sur le côté.

0 Km/h = 180°, 65 Km/h = 70°, 100 Km/h = 50°

· La règlementation

La réglementation impose des normes d'acuité visuelle pour la conduite des différentes catégories de véhicules.
Pour le permis B, le conducteur doit avoir une acuité visuelle d'au moins **5/10 ème** pour l'ensemble des deux yeux (avec port éventuel de lunettes ou de lentilles de contact).
Si un œil a une acuité visuelle nulle (borgne) ou inférieure à **1/10 ème,** l'autre œil doit avoir une acuité d'au moins **6/10 ème.**

LA VUE

Si votre permis porte la mention "verres correcteurs" (port de lunettes), vous devez obligatoirement porter vos lunettes pour conduire.

Si vous portez des lentilles de contact, il est conseillé d'avoir une paire de lunettes dans votre véhicule ou une paire de lentilles de rechange.

De plus, il est dangereux de conduire avec des lunettes teintées, type lunettes de soleil, la nuit.

Elles réduisent la luminosité altérant ainsi vos capacités à distinguer les composantes de l'environnement.

LA FATIGUE

· Les chiffres

On estime que la fatigue est en cause dans environ 20 % des accidents. Les conducteurs débutants sont d'ailleurs plus sujets à la fatigue car ils doivent plus se concentrer qu'un conducteur expérimenté pour effectuer les mêmes gestes.

· Les causes de la fatigue

L'environnement : mauvaises conditions atmosphériques (vent, pluie), visibilité réduite (brouillard, nuit), circulation dense, trajet monotone et connu.

Le conducteur : mauvaise forme physique, manque de sommeil, prise de médicaments ou d'alcool, énervement, mauvaise hygiène alimentaire (trop ou pas assez mangé), soucis, stress, mauvaise position de conduite.

Le véhicule : mauvais état, confort médiocre (siège, suspensions), bruits importants, température inadaptée dans la voiture (trop froid, trop chaud).

· Les signes de la fatigue

Tête lourde, raideurs musculaires, courbatures, bâillements, picotements des yeux, nervosité, impossibilité d'adopter une position de conduite confortable.

· Les effets de la fatigue

Vue et gestes moins précis, diminution des capacités physiques, somnolence, nervosité, prise de risque pour arriver plus vite.

· Les remèdes

- se reposer avant de conduire,
- utiliser un véhicule en bon état,
- faire des pauses régulières, toutes les 2 heures de conduite.
- pendant les pauses, boire et manger raisonnablement et faire quelques exercices.

Si malgré ces précautions, vous ressentez des signes de fatigue :

- donnez le volant à une autre personne,

OU

- arrêtez-vous pour vous reposer même si vous êtes très proche de votre destination.

L'ALCOOL

· La règlementation

Le conducteur est en infraction s'il conduit avec un taux d'alcool supérieur ou égal à 0,5 gramme par litre de sang ou 0,25 mg par litre d'air expiré.

· Les sanctions

Conduire avec un taux d'alcool compris entre 0,5 et 0,79 gramme par litre de sang (ou 0,25 à 0,39 mg par litre d'air expiré) constitue une contravention.

Sanctions :
- amende (750 € maximum),
- suspension du permis pouvant atteindre 3 ans.
- retrait de 6 points sur le permis de conduire.

Conduire avec un taux d'alcool supérieur ou égal à 0,8 gramme par litre de sang (ou 0,4 mg par litre d'air expiré) constitue un délit.

Sanctions :
- amende (4500 € maximum),
- prison (2 ans, 4 ans en cas d'homicide),
- suspension ou annulation du permis de conduire,
- peines complémentaires (travail d'intérêt général...),
- retrait de 6 points sur le permis de conduire.

· Les contrôles

Le contrôle de l'alcoolémie est obligatoire en cas :
- d'accident corporel,
- d'infraction grave.

Vous pouvez aussi être contrôlé :
- en cas d'accident matériel,
- lors d'un contrôle routier.

· Les moyens de contrôles

L'alcootest ou ballon
Vous soufflez dans un ballon, et l'air expiré traverse un tube contenant un réactif chimique jaune. Si le réactif vire au vert au-delà du repère, il y a présomption d'état alcoolique supérieur à la norme.
Dans ce cas, les forces de l'ordre utiliseront un des deux moyens de contrôle incontestable, à savoir la prise de sang ou l'éthylomètre.

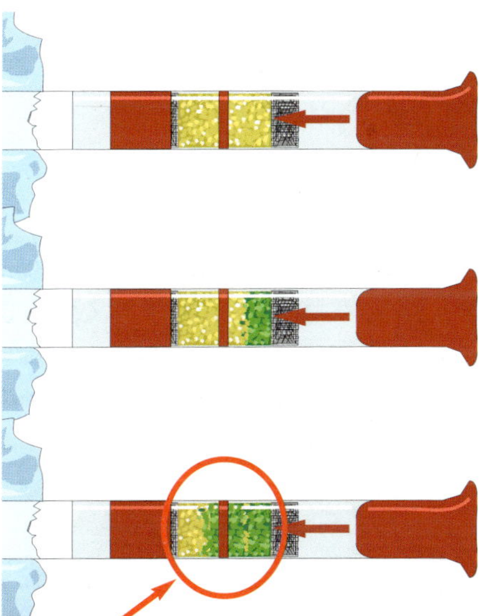

Attention, si les grains jaunes deviennent verts au-delà du trait rouge, c'est que votre taux d'alcoolémie dépasse 0,25 mg par litre d'air expiré.

L'éthylotest
Cet appareil électronique n'indique, comme le ballon, qu'une présomption de l'état alcoolique qui devra être confirmée par la prise de sang ou l'éthylomètre.

La prise de sang
Elle est de moins en moins pratiquée sauf si l'on ne peut pas faire autrement (blessures empêchant de souffler).

L'éthylomètre
C'est un appareil électronique qui mesure le taux d'alcool en milligramme (mg) par litre d'air expiré. Les mesures effectuées par cet appareil sont incontestables et ne nécessitent pas d'analyse de sang complémentaire.

L'ALCOOL

· Les effets de l'alcool

Après avoir consommé une boisson alcoolisée (vin, bière, apéritif...), l'alcool passe dans le sang et dans le système nerveux (cerveau). Les effets de l'alcool apparaissent sur le conducteur dès 0,3 g/l par litre de sang, c'est-à-dire en dessous du seuil réglementaire.

Il provoque, entre autre, les effets suivants :

- réduction du champ visuel,
- mauvaise appréciation des distances et des vitesses,
- troubles des gestes, de la marche, de l'équilibre,
- augmentation du temps de réaction,
- euphorie, agressivité, somnolence,
- prise de risques,
- altération des capacités de raisonnement.

· L'alcoolémie

C'est la quantité d'alcool pur contenu dans un litre de sang.
A consommation égale, le taux d'alcoolémie est différent suivant les personnes en fonction :
- du sexe (une femme aura un taux d'alcoolémie plus important),
- du poids (un poids léger aura plus d'alcoolémie qu'un poids plus lourd),
- des caractéristiques individuelles.

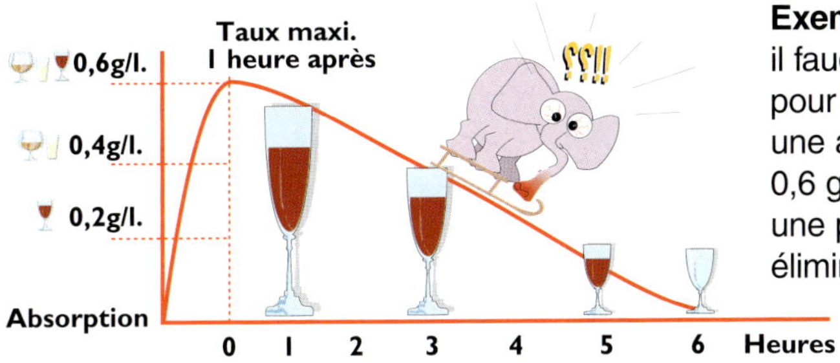

Exemple :
il faudra 6 heures pour faire disparaître une alcoolémie de 0,6 g/ litre de sang, à une personne qui élimine 0,1 g/heure.

Appréciation de l'alcoolémie

Les doses de boissons alcoolisées servies dans les bars représentent la même quantité d'alcool. Il y aura donc autant d'alcool dans les verres ci-dessous.

Diffusion de l'alcool dans le corps

L'alcoolémie est à son maximum une heure après l'absorption au cours d'un repas, et ¼ heure si vous êtes à jeun.

Elimination de l'alcool

Le foie élimine 95 % de l'alcool présent dans le sang. Il élimine à une cadence variable suivant les individus, c'est-à-dire entre 0,10 et 0,15 gramme par litre de sang et par heure.

Les remèdes contre l'alcool

Le café, l'aspirine, la petite sieste et autres idées reçues n'ont aucune influence sur les effets de l'alcool et sur l'alcoolémie. La caféine ralentit même la vitesse d'élimination de l'alcool.
Le seul remède est le temps. Il faut attendre que l'organisme élimine l'alcool.

MÉDICAMENTS ET DROGUES

· Les médicaments

Certains médicaments sont incompatibles avec la conduite, notamment les somnifères et les calmants.

Ils peuvent provoquer des troubles graves : somnolence, euphorie, problèmes de perception visuelle…

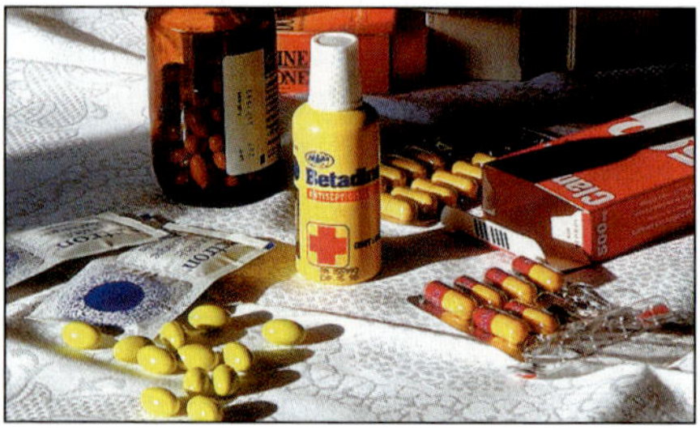

Conseils
Ces quelques précautions vous éviteront de fâcheux désagréments :
- lire la notice,
- demander conseil à votre médecin et pharmacien,
- vérifier la date de validité du produit.

L'apposition de ce pictogramme sur le conditionnement d'un médicament est obligatoire dès lors que sa consommation est susceptible d'altérer la capacité à conduire un véhicule (baisse de vigilance, somnolence). Les conséquences néfastes des médicaments sont aggravées s'ils sont mal utilisés ou associés avec de l'alcool.

· Les drogues

La conduite d'un véhicule sous l'effet de substances ou plantes classées comme stupéfiants est punie de deux ans d'emprisonnement et de 4 500 € d'amende.
Ce délit peut entraîner également des peines complémentaires : suspension ou annulation du permis de conduire, travail d'intérêt général, jours-amende, immobilisation du véhicule et réduction de 6 points.

POINTS CLÉS

Les documents obligatoires

pour le véhicule :
certificat et attestation d'assurance, attestation de contrôle technique si concerné, carte grise.

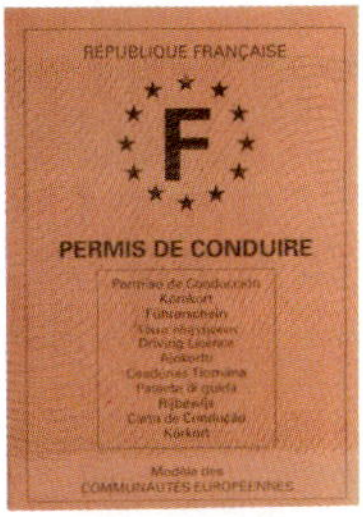

pour le conducteur :
permis de conduire.

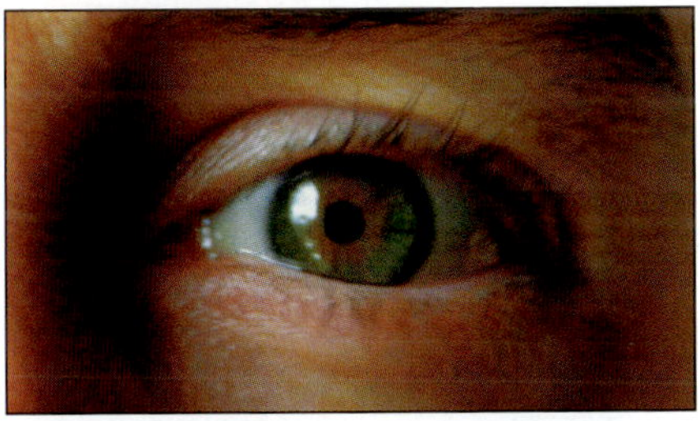

Pour conduire une voiture, il faut une acuité visuelle avec correction éventuelle de :
5/10 ème pour les deux yeux.
Si un oeil a une acuité inférieure à 1/10 ème, l'autre oeil doit avoir au minimum 6/10 ème.

Le taux d'alcool et la conduite :
L'infraction commence à 0,5 gramme d'alcool par litre de sang.

De 0,5 à 0,79 g/ litre de sang, c'est une contravention.
A partir de 0,8 g/ litre de sang, c'est un délit.

Equivalence :
0,5 g/l de sang = 0,25 mg/l d'air expiré.
0,8 g/l de sang = 0,4 mg/l d'air expiré.

Les contrôles
Présomption : ballon, éthylotest
Mesure incontestable : prise de sang, éthylomètre.

ÉVALUATION

1

L'hygiène alimentaire peut avoir une influence sur vos capacités à conduire :

Oui A
Non B

2

Cette vignette verte signifie que ma voiture est très polluante :

Oui A
Non B

3

Je suis en infraction si je conduis avec un taux d'alcool de :

0,3 gramme par litre de sang A
0,5 gramme par litre de sang B
0,8 gramme par litre de sang C

4

Sur un long trajet, il est conseillé de faire des pauses toutes les 2 heures :

Oui A
Non B

5

Une mauvaise position de conduite augmente la fatigue :

Oui A
Non B

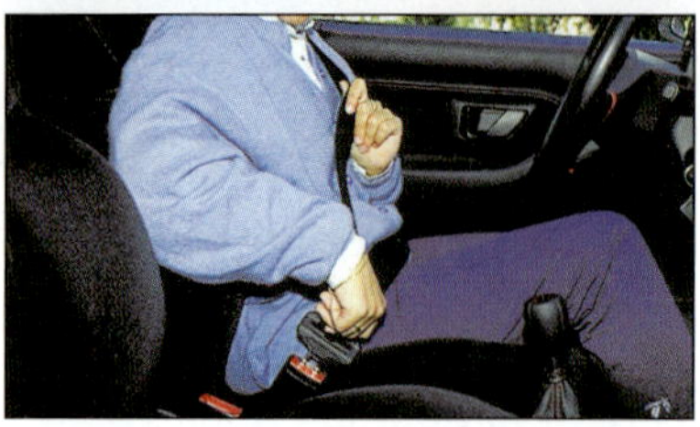

Réponses : 1 A - 2 B - 3 B C - 4 A - 5 A

USAGERS

Les autres usagers

Les piétons

Les animaux

Les deux-roues

Les bus

Les poids-lourds

Les véhicules particuliers
- **les tramways**
- **les véhicules lents**

Les véhicules d'intervention
- **non prioritaires**
- **prioritaires**

Les numéros d'urgence

Les points clés

Auto-évaluation

LES PIÉTONS

Ce sont des usagers vulnérables qui peuvent être indécis (personnes âgées) et imprévisibles (enfants). Lorsqu'un piéton commence à traverser, même en dehors des passages protégés, vous devez lui céder le passage et vous arrêter si nécessaire.

Vous ne devez pas dépasser un autre usager sans vous être assuré qu'aucun piéton ne traverse, surtout à proximité des passages protégés.
N'oubliez pas que l'arrêt et le stationnement sont interdits sur les passages piétons.

Particularité :
Ce panneau est implanté à proximité des écoles, des aires de jeux.....

Le fait de ne pas respecter la priorité des piétons est puni d'une amende de 750 euros maximum, d'une suspension du permis de conduire et d'un retrait de quatre points sur le permis.

La signalisation spécifique

· Le dépassement

Pour dépasser un piéton, vous devez respecter au minimum les distances latérales ci-dessous :

En agglomération

Hors agglomération

LES ANIMAUX

Les animaux domestiques et sauvages peuvent surgir sur la chaussée de manière imprévisible. Vous devez ralentir aux endroits où leur présence est la plus fréquente. (ex : chevreuils en forêt).

Lorsque vous passez à proximité d'animaux, ralentissez et ne klaxonnez pas, vous risqueriez de les effrayer.

Si un animal de grande taille (biche, sanglier...) se trouve sur la route, prévenez la gendarmerie qui se chargera de l'enlever.

La signalisation spécifique

· Le dépassement

Pour dépasser un animal, vous devez respecter au minimum les distances latérales ci-dessous :

En agglomération

Hors agglomération

LES DEUX-ROUES

Ce sont des véhicules à stabilité réduite et le moindre choc entraîne leur chute avec des conséquences graves. Leurs caractéristiques particulières sont différentes s'il s'agit d'un cycle, d'un cyclomoteur ou d'une moto.

La signalisation particulière

· Le dépassement

Pour dépasser un deux-roues, vous devez respecter au minimum les distances latérales ci-dessous :

En agglomération

Hors agglomération

LES BUS

Ce sont des véhicules lourds et encombrants. Au volant des bus, la visibilité est réduite du fait des porte-à-faux et des angles morts.

En agglomération, vous devez :
- ralentir voire vous arrêter lorsqu'un bus urbain veut quitter son stationnement.
- faciliter son passage en cas de croisement difficile.

Les aménagements et la signalisation spécifiques

Voie de bus
Souvent, des voies sont réservées aux transports en commun. Vous ne devez pas les emprunter.

Marquage d'arrêt de bus
Le stationnement sur les arrêts de bus matérialisés par des zébras jaunes est interdit.

Enfin, il arrive que les bus aient sur certaines intersections des feux spécifiques. Il ne vous concernent pas.

LES POIDS-LOURDS

· Les caractéristiques des poids-lourds

Ils ont de nombreux handicaps :
- insertion difficile du fait de leur poids,
- encombrement important,
- visibilité vers l'arrière limitée,
- nombreux angles morts.

De plus, ils vous masquent la visibilité vers l'avant, et rendent les croisements et les dépassements difficiles à cause de leur gabarit.

· Le changement de direction du poids-lourd

Lorsqu'un poids-lourd veut tourner à droite, il est souvent obligé de se déporter au préalable sur la gauche. Vous devez attendre qu'il ait terminé sa manoeuvre pour continuer votre route afin d'éviter une collision.

Ne pas s'engager dans l'espace libre.

LES VÉHICULES PARTICULIERS

· Les tramways

En règle générale, vous devez dépasser les tramways par la droite.

Il est interdit de dépasser un tramway à l'arrêt pendant la montée et la descente des voyageurs du côté où elles s'effectuent.

· Les véhicules lents

Les véhicules à progression lente sont signalés par des feux jaunes orangés clignotants. Il s'agit des engins agricoles, des véhicules de voirie, et ceux affectés au ramassage des ordures ménagères.

Règle de conduite

Vous devez toujours les croiser et les dépasser avec précaution.
Malgré leur vitesse réduite, vous n'êtes pas autorisé à contrevenir à une signalisation ou un marquage au sol.

LES VÉHICULES NON PRIORITAIRES

Ce sont des véhicules d'intervention urgente mais qui n'entrent pas dans la catégorie des véhicules prioritaires.

Règle de conduite
Vous devez leur faciliter le passage lorsqu'ils utilisent leurs avertisseurs sonores ou lumineux.

· Les ambulances

Elles sont reconnaissables à l'insigne se trouvant sur le véhicule. Elles utilisent un avertisseur sonore spécial et un feu bleu clignotant.

· Les véhicules de gaz et d'électricité secours

Ils emploient aussi des avertisseurs sonores et lumineux spéciaux.

LES VÉHICULES PRIORITAIRES

· Règle de conduite

Vous devez leur céder le passage lorsqu'ils utilisent leurs avertisseurs sonores ou lumineux car ils sont prioritaires.
Vous devez ralentir, voire vous arrêter et vous ranger pour faciliter les croisements et les dépassements et leur céder le passage aux intersections.
Les véhicules d'intervention urgente ci-dessous entrent dans la catégorie des véhicules prioritaires.

Les véhicules de police, de gendarmerie et des douanes.

Les véhicules de lutte contre l'incendie.

PARTICULARITÉ

Tous ces véhicules ne sont pas soumis aux limitations de vitesse.

Les véhicules du SAMU ou du SMUR
SAMU = Service d'Aide Médicale Urgente
SMUR = Service Mobile d'urgence et de Réanimation

LES NUMÉROS D'URGENCE

Si vous devez appeler un des véhicules d'intervention urgente, vous devez connaître ces numéros.

· Le 112

· Le 15

pour le SAMU
et le SMUR.

· Le 18

pour les pompiers
(lutte conte l'incendie).

· Le 17

pour la police ou
la gendarmerie.

POINTS CLÉS

Les piétons

Cédez leur le passage car ils sont vulnérables et imprévisibles.

Les voies de bus

Il est interdit de les utiliser pour circuler ou immobiliser votre véhicule.

Les arrêts de bus

Vous pouvez rouler sur les arrêts de bus, mais il est interdit d'y stationner ou de s'y arrêter.

Le dépassement

Pour dépasser un piéton, un animal, ou un deux-roues, vous devez laisser un intervalle latéral d'au moins :
1 mètre en agglomération
1,5 mètre hors agglomération

Les véhicules prioritaires

La police, la gendarmerie, les pompiers, le SAMU, le SMUR et les douanes sont prioritaires lorsqu'ils actionnent leurs avertisseurs sonores ou lumineux.

ÉVALUATION

1

Pour dépasser ces animaux , je dois laisser un intervalle latéral minimum de :

0,5 mètre	A
1,5 mètre	B
2 mètres	C

2

Pour dépasser ce cyclomoteur, je dois laisser un intervalle latéral de :

0,5 mètre minimum	A
1 mètre minimum	B
1,5 mètre minimum	C

3

Le gyrophare jaune orangé signale un véhicule lent :

Oui	A
Non	B

4

Dans cette situation :

je m'arrête	A
je continue à la même allure	B
je klaxonne	C

5

Ce véhicule roule doucement, je dépasse :

Oui	A
Non	B

Réponses : 1 B - 2 B - 3 A - 4 A - 5 B

VÉHICULE

Le véhicule

LES PRINCIPAUX ORGANES

· Le moteur

Le moteur produit de l'énergie calorifique (chaleur) qui est ensuite transformée en énergie mécanique permettant le mouvement du véhicule.

Pour fonctionner convenablement, un moteur a besoin de plusieurs éléments :
- du carburant (essence, gasoil, GPL),
- de l'électricité fournie par la batterie, notamment pour actionner le démarreur,
- de l'huile pour le graissage des pièces en mouvement,
- du liquide de refroidissement pour limiter la température des pièces.

Ces différents éléments doivent être régulièrement contrôlés. De plus, s'ils fonctionnent mal, ou si leur niveau est faible, un voyant s'allume sur le tableau de bord.

LES PRINCIPAUX ORGANES

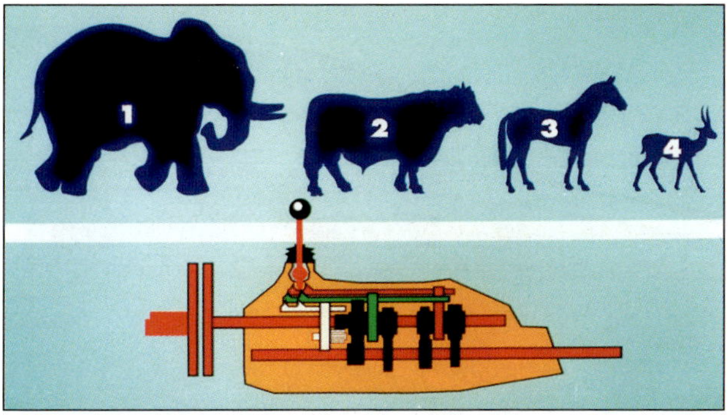

· La boîte de vitesses

Elle met en liaison le moteur et les roues. Elle permet d'adapter son allure à la configuration de la route en préservant le moteur.

Au point mort (pas de vitesse enclenchée), il n'y a pas de liaison entre le moteur et les roues.

Les différentes vitesses
La première vitesse : elle est très puissante mais ne permet pas de rouler très vite. Elle sert principalement à lancer le véhicule.

Les vitesses suivantes : (2 à 4) elles sont de moins en moins puissantes, mais elles permettent de rouler plus vite.

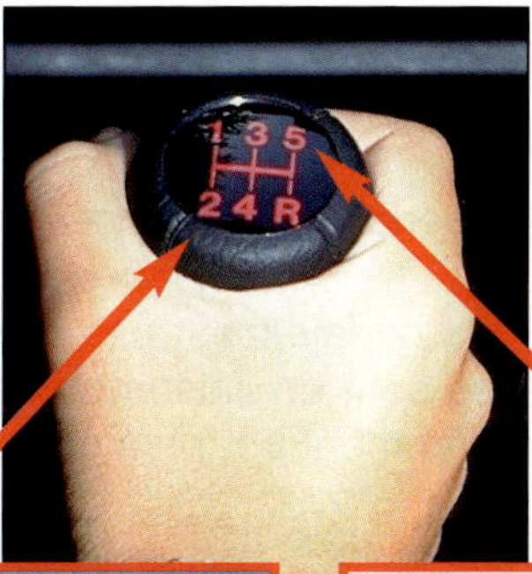

La cinquième vitesse : elle est utilisée pour circuler sur route. Elle est peu puissante mais permet de rouler à une bonne allure. Certains véhicules ont 6 vitesses.

Il faut utiliser convenablement les vitesses en fonction des circonstances. Un régime adapté préserve le moteur, réduit la consommation de carburant et l'émission de gaz d'échappement.

LES PRINCIPAUX ORGANES

- Moteur
- Transmission
- Boîte de vitesses
- Direction

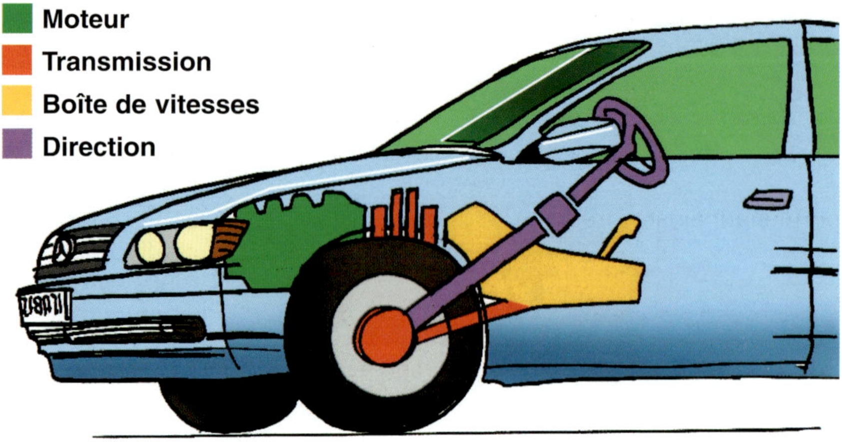

· L'embrayage

Il est actionné avec la pédale de gauche. Il permet de mettre en liaison le moteur et la boîte de vitesses et ainsi de faire avancer le véhicule.

Il existe 3 positions de l'embrayage :
- **position embrayée (1) :** la pédale est relâchée, le moteur et la boîte de vitesses sont en liaison.
- **Position débrayée (2) :** la pédale est enfoncée, le moteur et la boîte de vitesses sont séparés.
- **Position de patinage (3) :** la pédale n'est pas complètement relâchée, le moteur et la boîte de vitesses sont en liaison minimum. Cette position est utilisée à très faible allure notamment pour les manœuvres.

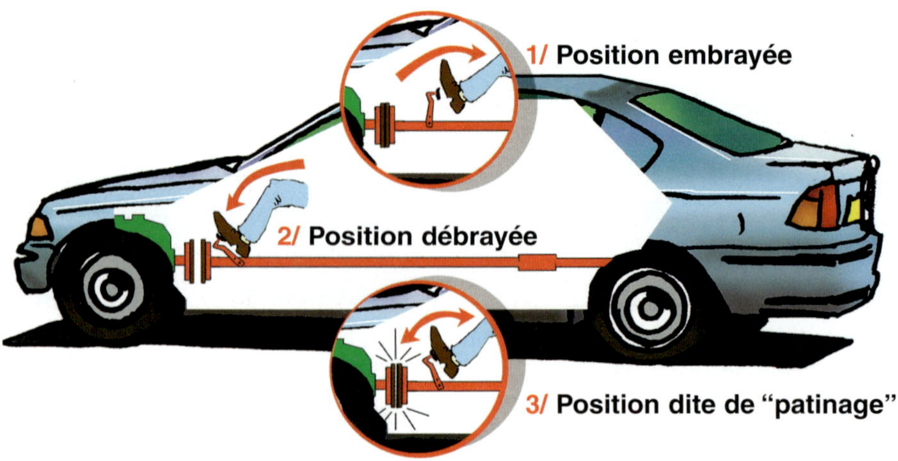

· Le frein principal

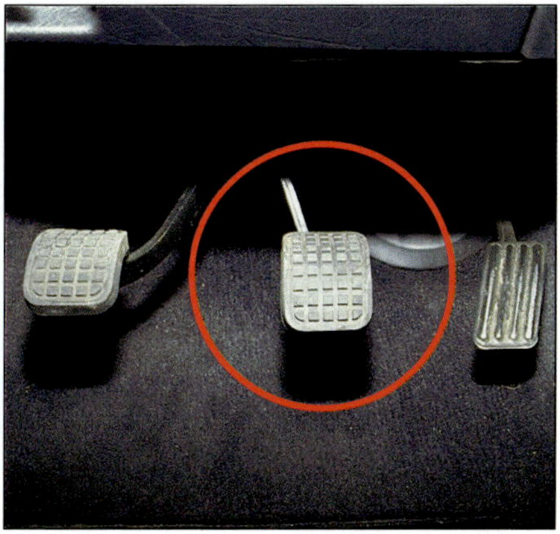

Il est actionné par une pédale. Lorsque vous appuyez sur la pédale de freins, un liquide est mis sous pression et arrive sur chaque roue, permettant ainsi le freinage.

Les freins peuvent être à disques ou à tambours. Le premier système est plus performant et fonctionne grâce à des plaquettes, le second utilise des mâchoires.

· Le frein à main

Il s'appelle aussi frein de parcage. Il est commandé par un levier se situant prés du siège conducteur.

Lorsque vous tirez sur ce levier, un câble actionne les mâchoires des roues arrière du véhicule, immobilisant ainsi ce dernier.

Le frein à main est utilisé pour démarrer en côte et quand vous quittez le véhicule. Un voyant au tableau de bord vous indique qu'il est actionné.

· Le frein de secours

Sur les voitures, le frein de secours correspond au frein à main.

LE TABLEAU DE BORD

· Les voyants

Surveillez régulièrement les voyants lumineux rouges ou oranges qui vous avertissent d'une anomalie :

- témoin de charge de batterie
- frein à main serré ou système de freinage déficient
- défaillance du système ABS
- défaillance Airbag (coussin gonflable)
- témoin de pression d'huile
- témoin de température excessive du moteur
- anti-dérapage
- usure des plaquettes de freins

D'autres voyants, de couleurs diverses, vous renseignent simplement :

- témoin de starter
- alerte niveau de carburant
- préchauffage du moteur diesel
- dégivrage arrière
- feux de détresse
- clignotants
- feux de position
- feux de croisement
- feux de route
- feux avant de brouillard
- feux arrière de brouillard

LES AVERTISSEMENTS

· L'avertisseur sonore (klaxon)

Il est interdit de l'utiliser en agglomération sauf danger immédiat.
Il peut être utilisé :
- pour signaler sa présence dans les endroits sans visibilité et les intersections,
- pour avertir d'un dépassement si nécessaire.

Les avertissements doivent être brefs, modérés et utilisés à bon escient.

· L'avertisseur de changement de direction (clignotant)

Il doit être utilisé pour tout changement de direction :

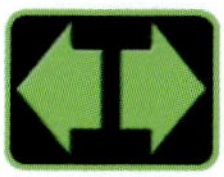

- pour tourner,
- pour dépasser,
- pour changer de voie,
- pour s'arrêter,
- pour quitter un stationnement.

· L'avertisseur lumineux (appels de phares)

La nuit, l'avertisseur sonore est interdit et peut être remplacé par les avertisseurs lumineux.
Pour faire un appel de phares, il suffit de passer de feux de croisement en feux de route et inversement.

· L'avertissement de feux de stop

En faisant clignoter les feux de stop par pression intermittente sur la pédale, vous attirez l'attention des usagers qui vous suivent sur le fait que vous freinez.

· L'avertissement de feux de détresse

Les feux de détresse sont utilisés dans les situations suivantes :
- vous circulez à allure réduite,
- vous êtes immobilisé sur la chaussée (ex : panne),
- vous êtes le dernier d'une file de voitures lors d'un fort ralentissement.

ÉCLAIRAGE ET SIGNALISATION

· L'éclairage avant

A : Au moins deux feux de route
Lumière blanche ou jaune, éclairant à 100 mètres minimum.

B : Deux feux de croisement
lumière blanche ou jaune, éclairant à 30 mètres sans éblouir.
Souvent, c'est une même ampoule qui, à l'intérieur d'un même projecteur, permet d'être en feux de route ou en feux de croisement.

C : Deux feux de position
de couleur blanche ou jaune, visibles à 150 mètres minimum.

D : Deux indicateurs de changement de direction. Ce sont des feux clignotants de couleur orangée.
Un dispositif appelé "signal de détresse" permet de faire fonctionner en même temps, à l'avant et à l'arrière, tous les indicateurs de changement de direction du véhicule.

E : Feux facultatifs
Deux feux de brouillard, émettant une lumière blanche ou jaune très étalée. Lorsque les feux de brouillard sont allumés, les feux de position doivent l'être aussi.

F : Une plaque d'immatriculation
blanche rétroréfléchissante.

ÉCLAIRAGE ET SIGNALISATION

· L'éclairage arrière

A : Deux feux rouges non éblouissants, visibles à 150 mètres.

B : Deux ou trois feux "stop" de couleur rouge s'allumant lorsqu'on appuie sur la pédale de frein. Les véhicules récents sont équipés d'un troisième feu de stop central.

C : Deux dispositifs réfléchissants (catadioptres) de couleur rouge, visibles à 100 mètres lorsqu'ils sont éclairés par les feux de route d'un autre usager.

D : Deux indicateurs de changement de direction
Ce sont des feux clignotants de couleur orangée.

E : Un dispositif d'éclairage de la plaque d'immatriculation permettant de lire les numéros à 20 mètres au moins.

F : Un ou deux feux arrière de brouillard émettant une lumière rouge plus puissante que celle des feux rouges.
S'il n'y a qu'un feu de brouillard, il doit être monté à gauche.

G : Feux facultatifs
Un ou deux feux arrière de recul.
Ils émettent une lumière blanche automatiquement quand vous enclenchez la marche arrière.

H : Une plaque d'immatriculation jaune rétroréfléchissante.

LE POSTE DE CONDUITE

· La position de conduite

Réglage du siège : asseyez-vous au fond du siège, appuyez à fond sur la pédale d'embrayage, la jambe gauche doit être légèrement pliée.

Réglage du dossier : Collez le dos contre le dossier, tendez les bras, la paume des mains doit toucher le volant sans décoller les épaules du dossier.

· Le rétroviseur intérieur

Il doit vous permettre de voir la plus grande partie possible de la vitre arrière en restant dans votre position normale de conduite.

· Le rétroviseur extérieur gauche

Il doit vous permettre de voir la partie gauche de la chaussée se trouvant derrière. Pour bien régler se rétroviseur, il suffit de voir la poignée de la portière arrière dans le coin droit du miroir en restant dans la position normale de conduite.

· Le contrôle technique

Les voitures doivent passer une visite technique 4 ans après leur première mise en service. Cette visite est ensuite renouvelée tous les 2 ans.

Lors d'une vente, la visite technique du véhicule est obligatoire sauf si la dernière visite a moins de 6 mois.

Le contrôle technique porte sur un certain nombre de points. En cas de problème sur certaines parties du véhicule (direction, freinage, carrosserie, éclairage...), une contre-visite doit être effectuée dans les deux mois.

Un macaron sur le pare-brise et un tampon sur la carte grise certifient que le véhicule a bien passé sa visite technique obligatoire.

· L'entretien de base

Les véhicules sont livrés avec une notice constructeur qui apporte les informations nécessaires pour connaître et entretenir votre automobile. Elle explique notamment la façon de changer une roue et une ampoule, l'emplacement des fusibles, la périodicité des vidanges, et le type de carburant à utiliser.

Le contrôle des niveaux

Sur votre véhicule, vous devez effectuer régulièrement le contrôle des différents niveaux :

- liquide de refroidissement,
- liquide lave-glace,
- batterie,
- huile moteur,
- liquide de frein.

Les véhicules sont équipés de voyants qui vous indiqueront un problème mécanique.

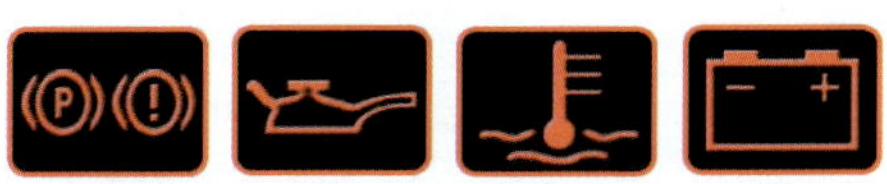

ENTRETIEN ET DÉPANNAGE

· Les pneumatiques

Ils jouent un rôle essentiel dans la sécurité car ils sont le seul point de contact entre la route et le véhicule.

Les règles de montage

- Il est obligatoire de monter quatre pneus de même structure sur le véhicule. La majorité des véhicules sont équipés de pneus à structure radiale.
- Il faut toujours monter deux pneus de même marque, type et caractéristique sur un essieu.

· Les sculptures de pneumatiques

Les sculptures des pneus (dessins moulés dans la bande de roulement) permettent d'évacuer l'eau sur les routes mouillées. C'est pourquoi leur profondeur ne doit pas être inférieure à 1,6 mm car il y aurait une dégradation importante de la tenue de route.

Des bosses de caoutchouc sont disposées dans les rainures du pneu et constituent des témoins d'usure. Quand l'usure atteint ces bosses, il reste 1,6 mm.

Les témoins d'usure sont repérables grâce à différents sigles sur le flanc du pneumatique.

- TWI - △

· L'état des pneumatiques

Les pneus doivent être en bon état, sans hernie, sans flanc déchiré...L'usure des pneus d'un même essieu ne doit pas avoir une différence de plus de 5 mm.

· Le gonflage des pneumatiques

Les pressions de gonflage sont données par les fabricants suivant les véhicules.

Il faut vérifier la pression à froid (pas ou peu de kilomètres parcourus).

La pression doit être augmentée de 200 à 300 grammes avant un long trajet à vitesse soutenue (ex : sur autoroute) et si le véhicule est très chargé.

POINTS CLÉS

Les principaux contrôles à effectuer régulièrement :

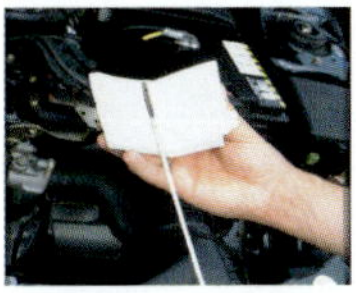

- huile

- liquide de refroidissement

- batterie

- carburant

- frein

- pression des pneumatiques

Les moyens pour avertir les autres usagers :

- klaxon

- clignotants

- appel de phares

- feux de détresse

- feux de stop

Les étapes pour s'installer au poste de conduite :

- réglage du siège et du dossier,
- positionnement des rétroviseurs intérieur et extérieur,
- accrochage de la ceinture de sécurité.

ÉVALUATION

1

Une batterie ne demande jamais d'entretien :

Oui A
Non B

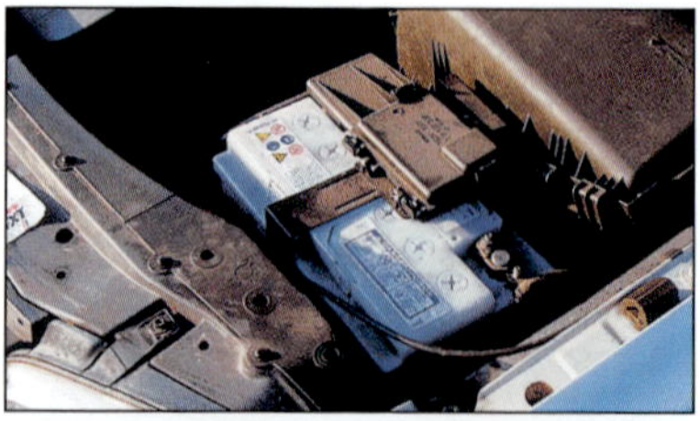

2

Ne plus avoir de liquide de lave-glace n'est pas important pour la sécurité :

Vrai A
Faux B

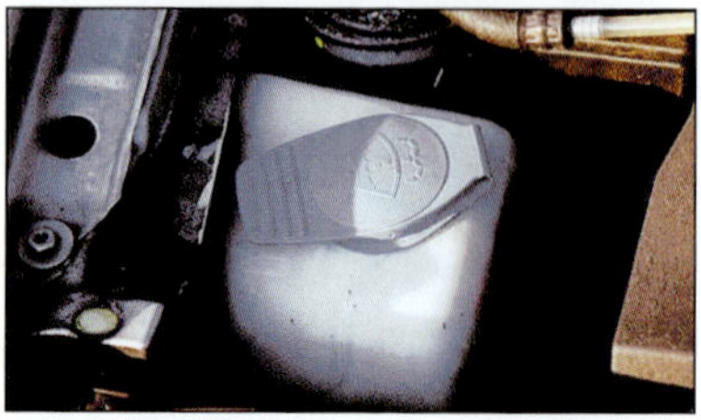

3

Il est obligatoire de posséder une boîte d'ampoules de rechange dans la voiture :

Oui A
Non B

4

Le rétroviseur intérieur se positionne avant de régler le siège :

Oui A
Non B

5

Un rétroviseur extérieur gauche bien positionné permet d'annuler tous les angles morts :

Oui A
Non B

Réponses : 1 B - 2 B - 3 B - 4 B - 5 B

ACCIDENTS

Les accidents

Les statistiques
Le comportement en cas d'accident
L'assurance
Le constat
Les points clés
Auto-évaluation

STATISTIQUES

En France, on dénombre environ 7200 morts par an sur les routes. Les jeunes de 15-24 ans représentent environ 25 % de ces tués.

· Les principaux facteurs d'accident

La vitesse
La vitesse est présente dans 30 % des cas d'accidents mortels, que ce soit un excès de vitesse (plus vite que la réglementation) ou une vitesse excessive (vitesse inadaptée aux circonstances de conduite).

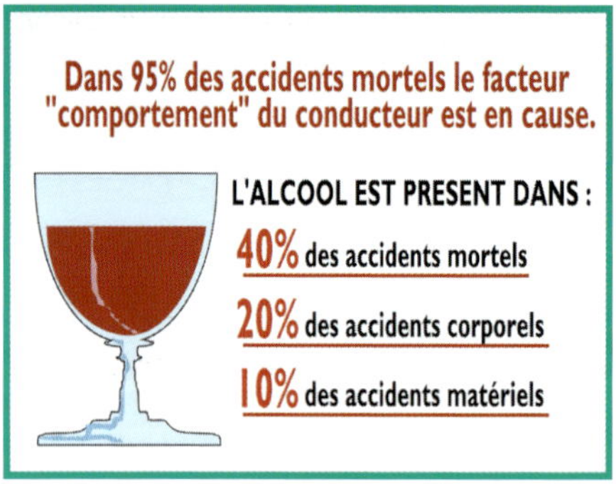

L'alcool
L'alcool est présent dans 40 % des cas d'accidents mortels.

Les autres facteurs d'accidents :
Ce sont principalement des problèmes physiques liés au conducteur (fatigue, maladie…) et le non-respect de la réglementation (refus de priorité, dépassement interdit…).

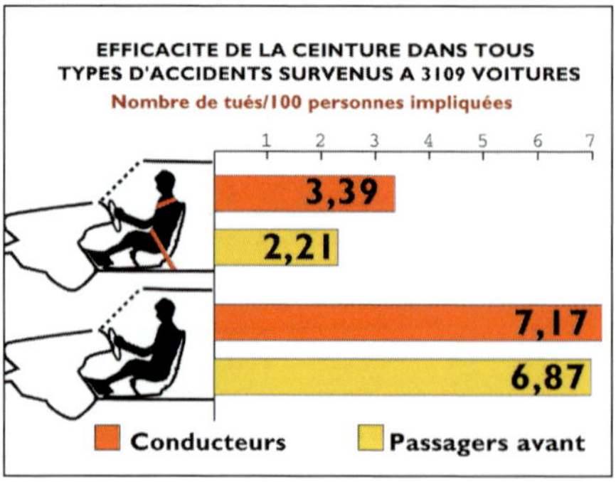

La ceinture
Le non port de la ceinture est un facteur aggravant lors d'un accident. En effet, un conducteur attaché diminue par trois les risques par rapport à un conducteur sans ceinture.

COMPORTEMENT EN CAS D'ACCIDENT

· Le délit de fuite

Si vous êtes impliqué dans un accident corporel ou matériel même minime, vous devez :
- vous arrêter
- donner votre identité aux personnes concernées.

Si vous ne le faites pas, vous commettez un délit de fuite passible d'une amende et d'une peine de prison.

· Le témoignage

Si vous êtes témoin d'un accident, vous avez le devoir de décrire les faits le plus objectivement possible.

Si c'est un accident corporel, les forces de l'ordre recueilleront votre témoignage.

Si c'est un accident matériel, laissez vos coordonnées aux personnes concernées qui vous contacteront en cas de nécessité.

· Le principe du "PAS"

Lorsque vous arrivez à proximité et que les secours sont déjà organisés, il est préférable de ne pas vous arrêter.

Par contre, si l'accident vient d'avoir lieu, vous devez absolument vous arrêter et porter secours aux victimes. Si vous ne vous arrêtez pas, vous pourrez être poursuivi pour non assistance à personne en danger.

En présence d'un accident, vous devez appliquer le principe du "PAS", c'est-à-dire Protéger, Alerter, et Secourir.

PROTÉGER

En présence d'un accident, il faut d'abord éviter qu'il ne s'aggrave ou qu'il n'occasionne un sur-accident.

Pour cela, vous devez :

- stationner votre véhicule à un endroit où il ne gênera personne (usagers, secours),
- couper le contact et débrancher la batterie des véhicules accidentés,
- veiller à ce que personne ne fume à proximité de l'accident,
- baliser les lieux de l'accident .

· Le balisage de l'accident

Le jour, vous signalez l'accident :

- avec les feux de détresse,
- avec des triangles de présignalisation placés à 30 mètres minimum de l'accident et visibles à 100 mètres,
- grâce à des personnes faisant signe de ralentir placées sur l'accotement.

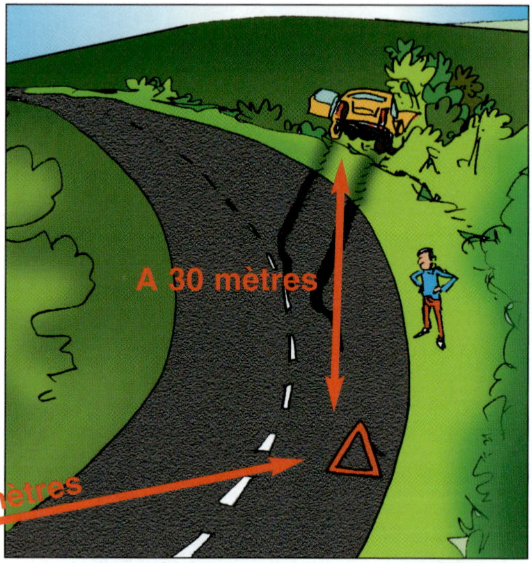

La nuit, éclairez les véhicules accidentés avec les feux d'un autre véhicule, garé sur l'accotement perpendiculairement à la route.
Vous pouvez utiliser des lampes de poche pour avertir les autres.

En cas d'accident, le temps est précieux. Vous devez donner ou faire donner l'alerte le plus rapidement possible.

Le numéro d'urgence à composer en priorité est **le 15.**
Vous pouvez aussi composer le **17 ou le 18.**
Ces numéros sont gratuits et valables dans toute la France. Il n'y a pas besoin d'une carte téléphonique pour les composer dans une cabine publique.

Sur un téléphone portable, le numéro d'urgence est le **112**.

Sur les autoroutes, utilisez les bornes d'urgence, elles permettent aux secours de savoir exactement où vous vous trouvez.

· Les renseignements à donner aux secours :

- la nature de l'accident,
- le nombre et l'état des blessés,
- le nombre et le type de véhicules impliqués,
- l'emplacement exact de l'accident,
- les circonstances particulières : blessés bloqués dans le véhicule, matières dangereuses, risque d'immersion...

Ne raccrochez pas le premier, attendez qu'on vous le dise.

le 15

le 17

le 18

le 112

SECOURIR

En attendant les secours, vous devez vous occuper des blessés sans aggraver leur état.

Ce qu'il ne faut pas faire :

- donner à boire même de l'eau
- déplacer un blessé ou le sortir de son véhicule sauf danger immédiat (incendie, explosion, noyade)
- ôter le casque d'un motard
- transporter un blessé dans sa voiture

Ce qu'il faut faire :

- réconforter le blessé par des paroles rassurantes
- le couvrir avec une couverture ou un vêtement
- desserrer ses vêtements (col et ceinture)

Les autres gestes possibles doivent être appris lors des formations de secouriste. Il peut être utile de connaître ces gestes dans la vie de tous les jours.

· L'assurance obligatoire :

- La responsabilité civile ou l'assurance "au tiers" :
c'est la seule assurance obligatoire. Elle couvre les dommages matériels et corporels causés aux tiers, y compris les passagers.

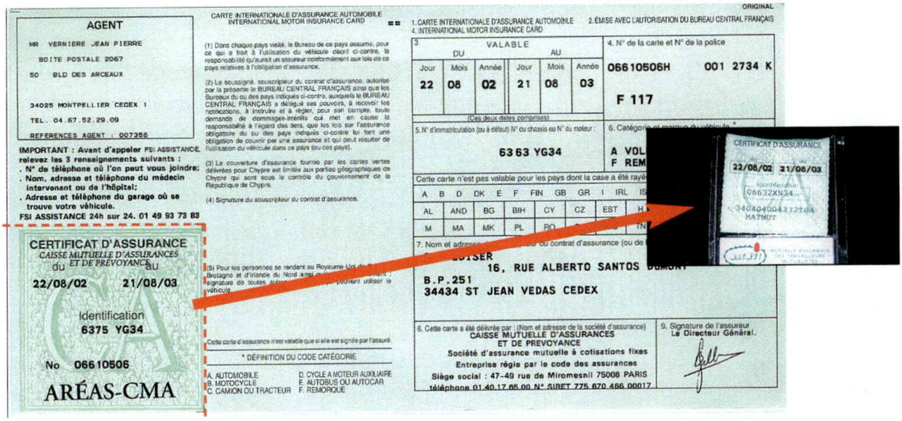

AGENT
MR VERNIERE JEAN PIERRE
BOITE POSTALE 2067
50 BLD DES ARCEAUX
34025 MONTPELLIER CEDEX 1
TEL. 04.67.52.29.09
REFERENCES AGENT : 007356

IMPORTANT : Avant d'appeler FSI ASSISTANCE, relevez les 3 renseignements suivants :
. N° de téléphone où l'on peut vous joindre;
. Nom, adresse et téléphone du médecin intervenant ou de l'hôpital;
. Adresse et téléphone du garage où se trouve votre véhicule.
FSI ASSISTANCE 24h sur 24. 01 49 93 73 83

CARTE INTERNATIONALE D'ASSURANCE AUTOMOBILE
INTERNATIONAL MOTOR INSURANCE CARD

(1) Dans chaque pays visité, le Bureau de ce pays assume, pour ce qui a trait à l'utilisation du véhicule décrit ci-contre, la responsabilité qu'aurait un assureur conformément aux lois de ce pays relatives à l'obligation d'assurance.

(2) Le soussigné, souscripteur du contrat d'assurance, autorise par la présente le BUREAU CENTRAL FRANÇAIS ainsi que les Bureaux du ou des pays indiqués ci-contre, auxquels le BUREAU CENTRAL FRANÇAIS a délégué ses pouvoirs, à recevoir les notifications, à instruire et à régler, pour son compte, toute demande de dommages-intérêts qui met en cause la responsabilité à l'égard des tiers, que les lois sur l'assurance obligatoire du ou des pays indiqués ci-contre lui font une obligation de couvrir par une assurance et qui peut résulter de l'utilisation du véhicule dans ce pays (ou ces pays).

(3) La couverture d'assurance fournie par les cartes vertes délivrées pour Chypre est limitée aux parties géographiques de Chypre qui sont sous le contrôle du gouvernement de la République de Chypre.

(4) Signature du souscripteur du contrat d'assurance.

(5) Pour les personnes se rendant au Royaume-Uni ... Bretagne et d'Irlande du Nord ... signature de toutes ... peuvent utiliser le véhicule.

Cette carte d'assurance n'est valable que si elle est signée par l'assuré.

* DÉFINITION DU CODE CATÉGORIE
A. AUTOMOBILE — B. MOTOCYCLE — C. CAMION OU TRACTEUR — D. CYCLE A MOTEUR AUXILIAIRE — E. AUTOBUS OU AUTOCAR — F. REMORQUE

ORIGINAL
1. CARTE INTERNATIONALE D'ASSURANCE AUTOMOBILE — 2. ÉMISE AVEC L'AUTORISATION DU BUREAU CENTRAL FRANÇAIS
4. INTERNATIONAL MOTOR INSURANCE CARD

3. VALABLE

DU Jour	DU Mois	DU Année	AU Jour	AU Mois	AU Année
22	08	02	21	08	03

(Ces deux dates comprises)

4. N° de la carte et N° de la police: 06610506H 001 2734 K — F 117

5. N° d'immatriculation (ou à défaut) N° du chassis ou N° du moteur : 6363 YG34

6. Catégorie ... du véhicule *: A VOL... F REM...

Cette carte n'est pas valable pour les pays dont la case a été rayée

A B D DK E F FIN GB GR I IRL IS

AL	AND	BG	BIH	CY	CZ	EST	H	
M	MA	MK	PL	RO			TN	

7. Nom et adresse ... du contrat d'assurance (ou de ...)
...ISER
16, RUE ALBERTO SANTOS DUMONT
B.P.251
34434 ST JEAN VEDAS CEDEX

8. Cette carte a été délivrée par : (Nom et adresse de la société d'assurance)
CAISSE MUTUELLE D'ASSURANCES ET DE PREVOYANCE
Société d'assurance mutuelle à cotisations fixes
Entreprise régie par le code des assurances
Siège social : 47-49 rue de Miromesnil 75008 PARIS
téléphone 01.40.17.65.00 N° SIRET 775 670 466 00017

9. Signature de l'assureur
Le Directeur Général.

CERTIFICAT D'ASSURANCE
CAISSE MUTUELLE D'ASSURANCES ET DE PRÉVOYANCE
du 22/08/02 au 21/08/03
Identification 6375 YG34
No 06610506
ARÉAS-CMA

. Les assurances facultatives :

- La garantie dommage-collisions ou tiers-collisions :
elle indemnise les dégâts causés au véhicule de l'assuré en cas de collision avec un tiers identifié, quelles que soient les responsabilités.
Cette garantie comporte une franchise qui est une somme d'argent restant à la charge de l'assuré.

- La garantie dommage par accident ou " tous risques " :
elle indemnise les dégâts causés au véhicule de l'assuré, même s'il n'y a pas eu de collision et quelles que soient les responsabilités.

- La garantie vol-incendie :
elle indemnise l'assuré en cas de vol ou d'incendie de son véhicule.
L'assureur déduit une franchise de la somme remboursée.

- La garantie défense-recours :
elle couvre, sous certaines conditions, les frais de justice engagés par l'assuré après un accident ou une infraction. Elle est aussi destinée à négocier avec l'adversaire en cas d'accident afin d'obtenir la meilleure indemnisation pour l'assuré.

- La garantie individuelle accident :
elle couvre l'assuré en cas d'accident et lui verse une somme d'argent. En cas de décès, cette somme d'argent sera versée aux héritiers.

LE CONSTAT AMIABLE

En cas d'accident matériel, il est conseillé de remplir un constat amiable qui permettra d'établir les responsabilités des conducteurs.
Il est conseillé de posséder ce document dans le véhicule.

· Avant de remplir le constat

- Restez calme et courtois,

- S'il y a des blessés, prévenez ou faites prévenir le SAMU, la police (accident en ville) ou la gendarmerie (accident en campagne),

- Signalez l'accident par les feux de détresse et le triangle de présignalisation qui doit être placé à au moins 30 mètres de l'accident et visible à 100 mètres,

- Faites assurer la circulation et dans les cas où vous êtes obligé de dégager la chaussée, marquez à la craie l'emplacement des véhicules et des traces,

· Au moment de remplir le constat

- Recherchez les témoins et notez leurs coordonnées dans la rubrique 5,

- Présentez vos papiers (carte grise, attestation d'assurance, permis de conduire) à l'autre conducteur et demandez-lui les siens,

- Ne remplissez que le recto du constat, seules les indications de cette page servent à déterminer les responsabilités,

- Signez et faites signer le constat par l'autre conducteur. Attention, votre signature atteste de l'exactitude des circonstances de l'accident, et il ne sera plus possible de contester son contenu.

- Si l'autre conducteur refuse de signer, notez le numéro de son véhicule et contactez votre assureur.

LE CONSTAT AMIABLE

· Après l'accident

- Séparez les deux exemplaires et remettez un des feuillets à l'autre conducteur.
- Remplissez le verso du constat et remettez-le à votre assureur dans les 5 jours ouvrés,

· Quelques judicieux conseils

- Ne remplissez pas des mentions ne correspondant pas à la réalité,
- Ne vous engagez pas sur la prise en charge injustifiée des dommages adverses,
- Ne cochez que les mentions se rapportant à la manoeuvre que vous faisiez au moment de l'accident,
- Ne laissez pas l'autre conducteur remplir seul le constat,
- Ne remettez aucun document en blanc à l'autre conducteur,
- Ne refusez pas de remplir le constat mais formulez vos réserves si nécessaire,
- Remplissez consciencieusement le constat pour éviter de vous voir imputer des responsabilités injustes,
- Utilisez un stylo à bille qui rendra le double plus lisible.

LE CONSTAT AMIABLE

Le constat est européen, donc valable sur l'ensemble du territoire de la communauté européenne. La photo ci-dessous représente le constat amiable français.

CONSTAT AMIABLE D'ACCIDENT AUTOMOBILE

Feuillet 1/2

3 523 30 00 556 354 00

1 **Date de l'accident** | **Heure**

2 **Localisation** : Pays : | Lieu :

3 **Blessé(s) même léger(s)** non ☐ oui ☐

4 **Dégâts matériels à des**
véhicules autres que A et B non ☐ oui ☐ | objets autres que des véhicules non ☐ oui ☐

5 **Témoins : noms, adresses et tél.**

VÉHICULE A

6 **Preneur d'assurance/assuré** (voir attestation d'assurance)
NOM : ....
Prénom : ....
Adresse : ....
Code postal : .... Pays : ....
Tél. ou e-mail :

7 **Véhicule**

À MOTEUR	REMORQUE
Marque, type	
N° d'immatriculation	N° d'immatriculation ....
Pays d'immatriculation	Pays d'immatriculation ....

8 **Société d'assurance** (voir attestation d'assurance)
NOM : ....
N° de contrat : ....
N° de carte verte : ....
Attestation d'assurance
ou carte verte valable du : au :
Agence (ou bureau, ou courtier) : ....
NOM : ....
Adresse : ....
.... Pays : ....
Tél. ou e-mail :
Les dégâts matériels au véhicule sont-ils assurés par le contrat ? *non* ☐ *oui* ☐

9 **Conducteur** (voir permis de conduire)
NOM : ....
Prénom : ....
Date de naissance : ....
Adresse : ....
.... Pays : ....
Tél. ou e-mail :
Permis de conduire n° : ....
Catégorie (A, B, ...) : ....
Permis valable jusqu'au : ....

10 **Indiquer le point de choc initial au véhicule A par une flèche →**

11 **Dégâts apparents au véhicule A :**

14 **Mes observations :**

12. CIRCONSTANCES

Mettre une croix dans chacune des cases utiles pour préciser le croquis
** Rayer la mention inutile*

A		B
☐ 1	* en stationnement / à l'arrêt	1 ☐
☐ 2	* quittait un stationnement / ouvrait une portière	2 ☐
☐ 3	prenait un stationnement	3 ☐
☐ 4	sortait d'un parking, d'un lieu privé, d'un chemin de terre	4 ☐
☐ 5	s'engageait dans un parking, un lieu privé, un chemin de terre	5 ☐
☐ 6	s'engageait sur une place à sens giratoire	6 ☐
☐ 7	roulait sur une place à sens giratoire	7 ☐
☐ 8	heurtait à l'arrière, en roulant dans le même sens et sur une même file	8 ☐
☐ 9	roulait dans le même sens et sur une file différente	9 ☐
☐ 10	changeait de file	10 ☐
☐ 11	doublait	11 ☐
☐ 12	virait à droite	12 ☐
☐ 13	virait à gauche	13 ☐
☐ 14	reculait	14 ☐
☐ 15	empiétait sur une voie réservée à la circulation en sens inverse	15 ☐
☐ 16	venait de droite (dans un carrefour)	16 ☐
☐ 17	n'avait pas observé un signal de priorité ou un feu rouge	17 ☐
☐ ←	**indiquer le nombre de cases marquées d'une croix**	→ ☐

A signer obligatoirement par les DEUX conducteurs
Ne constitue pas une reconnaissance de responsabilité mais un relevé des identités et des faits servant à l'accélération du règlement

13 **Croquis de l'accident au moment du choc** 13
Préciser : 1. le tracé des voies - 2. la direction (par des flèches) des véhicules A,B - 3. leur position au moment du choc - 4. les signaux routiers - 5. le nom des rues (ou routes).

15 **Signature des conducteurs** 15

A B

VÉHICULE B

6 **Preneur d'assurance/assuré** (voir attestation d'assurance)
NOM : ....
Prénom : ....
Adresse : ....
Code postal : .... Pays : ....
Tél. ou e-mail :

7 **Véhicule**

À MOTEUR	REMORQUE
Marque, type	
N° d'immatriculation	N° d'immatriculation ....
Pays d'immatriculation	Pays d'immatriculation ....

8 **Société d'assurance** (voir attestation d'assurance)
NOM : ....
N° de contrat : ....
N° de carte verte : ....
Attestation d'assurance
ou carte verte valable du : au :
Agence (ou bureau, ou courtier) : ....
NOM : ....
Adresse : ....
.... Pays : ....
Tél. ou e-mail :
Les dégâts matériels au véhicule sont-ils assurés par le contrat ? *non* ☐ *oui* ☐

9 **Conducteur** (voir permis de conduire)
NOM : ....
Prénom : ....
Date de naissance : ....
Adresse : ....
.... Pays : ....
Tél. ou e-mail :
Permis de conduire n° : ....
Catégorie (A, B, ...) : ....
Permis valable jusqu'au : ....

10 **Indiquer le point de choc initial au véhicule B par une flèche →**

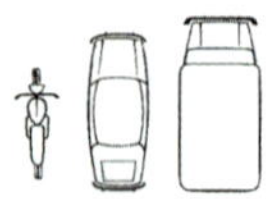

11 **Dégâts apparents au véhicule B :**

14 **Mes observations :**

Conformément à la loi informatique et libertés du 6 janvier 1978, un droit d'accès et de rectification des informations vous concernant vous est ouvert auprès des entreprises d'assurances destinataires du présent constat.

POINTS CLÉS

Les principaux facteurs d'accidents sont :

la vitesse et l'alcool.

Comportement en cas d'accident :

- protéger pour éviter un sur accident,
- alerter les secours,
- secourir les victimes.

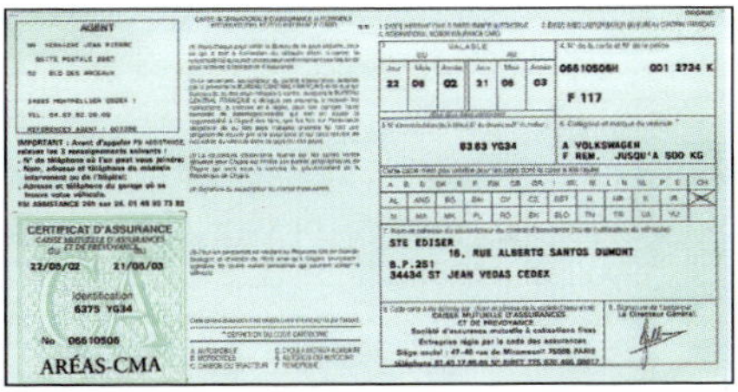

L'assurance obligatoire est la responsabilité civile, assurance aux tiers, les autres garanties sont facultatives.

Il est conseillé de posséder un constat amiable dans la voiture, mais ce n'est pas obligatoire.

ÉVALUATION

1

Je peux continuer tout droit :

Oui A
Non B

2

Je dois obligatoirement posséder un constat dans mon véhicule :

Oui A
Non B

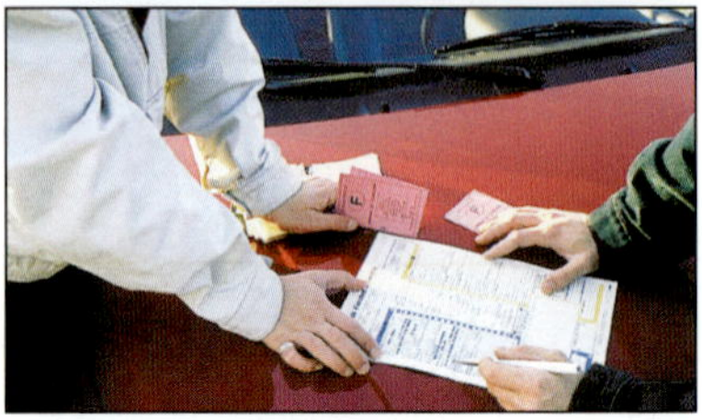

3

En cas de panne, je dois positionner mon triangle de présignalisation à au moins 40 mètres de mon véhicule :

Oui A
Non B

4

Pour avertir les secours, je dois composer :

le 11 A
le 12 B
le 15 C

5

Pour secourir un blessé, il faut :

le couvrir avec une couverture A
lui parler pour le rassurer B
lui donner de l'eau à boire C

Réponses : 1 B - 2 B - 3 B - 4 C - 5 A B

VIE PRATIQUE

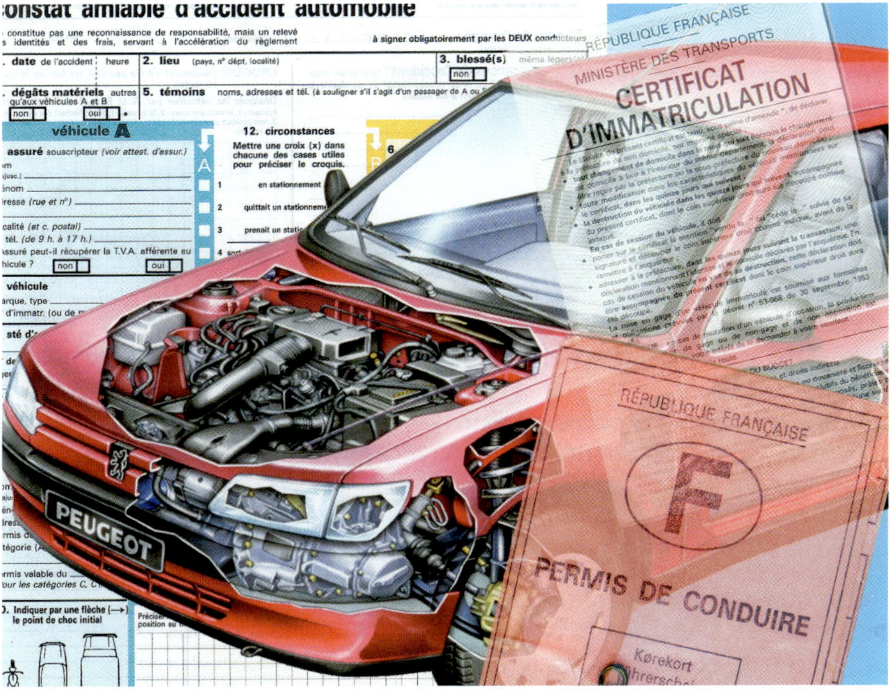

Vie pratique

LE PERMIS À POINTS

· Objectif

C'est une mesure pédagogique qui, en fragilisant le permis de conduire, a pour finalité d'éviter la récidive des conducteurs infractionnistes.

· Principe

Le permis de conduire est affecté d'un capital initial de 12 points.

Le nombre de ces points est réduit de plein droit si le conducteur commet certaines infractions.

Lorsque le nombre de points devient nul (égal à 0), le permis avec l'ensemble des catégories possédées (voiture, moto, poids lourd...) perd sa validité et est annulé.

Les infractions entraînant un retrait de points

Le nombre de points retirés pour une infraction est fixé forfaitairement, c'est-à-dire qu'il est le même pour tout le monde.

Les infractions susceptibles d'entraîner un retrait de points sont de 2 sortes :

- les délits = **- 6 points**. (ex : alcool, délit de fuite...)
- les contraventions = **- 1 à - 4 points** (ex : excès de vitesse, refus de priorité...)

Remarque : les contraventions susceptibles d'entraîner une perte de points sont généralement celles susceptibles de mettre en danger la sécurité des personnes.

Particularités :

Pour plusieurs infractions commises simultanément, vous perdrez 8 points maximum.

Vous ne pouvez pas perdre 12 points en une seule fois.

Comment sont retirés les points ?

L'agent verbalisateur doit signaler au conducteur le risque de la perte d'un certain nombre de points.

Le retrait de points intervient ensuite de plusieurs manières : après le paiement de l'amende forfaitaire ou après jugement définitif du tribunal.

La connaissance du nombre de points

Le capital points de votre permis vous est accessible de plein droit en vous rendant à la préfecture de votre département.

Les autorités administratives et judiciaires sont les seules personnes à avoir accès à ce renseignement. Les assureurs et les employeurs, entre autres, ne peuvent pas solliciter cette information confidentielle.

· La reconstitution du capital

- Si vous ne commettez pas d'infraction entraînant un retrait de points pendant 3 ans, vous retrouverez automatiquement votre capital de 12 points.
- Vous pouvez aussi suivre un stage de sensibilisation qui vous permet de récupérer 4 points maximum.

· Déroulement du stage

Les stages sont volontaires et payants. Ils durent 2 jours et sont assurés par des organismes agréés par les préfectures.

Leur objectif est de sensibiliser les conducteurs infractionnistes sur la sécurité routière et sur les causes et conséquences des accidents de la route. Cette démarche a pour vocation de faire évoluer positivement les comportements routiers des participants pour éviter la récidive.
Votre préfecture peut vous renseigner sur l'organisation de ces stages.

· Comment retrouver son droit de conduire ?

En cas de perte totale des points, vous ne pouvez pas solliciter un nouveau permis de conduire avant l'expiration d'un délai de 6 mois, à compter de la date de remise du permis à la préfecture.

Passer le délai de six mois, il faut :
- être reconnu apte après une visite médicale et un examen psychotechnique,

- repasser l'examen du permis de conduire (code et pratique) pour les titulaires du permis depuis moins de trois ans,

- repasser uniquement l'épreuve du code de la route pour les conducteurs titulaires du permis depuis plus de trois ans.

Remarque : le dépôt du dossier, l'examen médical et psychotechnique peuvent être accomplis au début du 5ème mois d'interdiction de conduire.

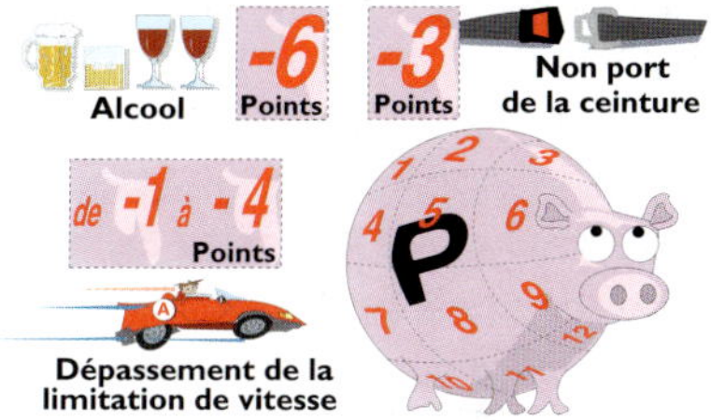

· Le permis probatoire :

Mise en place : 1er mars 2004
Il est doté d'un capital de 6 points pendant une période de 3 ans (2 ans pour les personnes issues de l'AAC). Au bout de 3 ans sans infraction, le capital est porté automatiquement à 12 points.
Il s'adresse à tous les nouveaux titulaires d'un 1° permis de conduire (moto, auto,...) qui auront réussi l'examen à partir du 1° mars 2004 mais également aux conducteurs qui ont eu leur permis annulé ou invalidé.

Pendant la période probatoire, un stage de sensibilisation à la sécurité routière qui permet de gagner 4 points au maximum est obligatoire en cas de perte d'au moins 3 points en une seule fois. (environ 230 euros)

En cas de perte de 6 points, le permis est invalidé, ce qui entraîne une interdiction de conduire. Au bout de ce délai il faut repasser l'examen du permis de conduire (code et conduite)

LES SANCTIONS

· Les sanctions du code de la route

En cas de non-respect du code de la route, vous vous exposez à différentes sanctions qui sont en rapport avec l'infraction commise.
Les infractions les plus graves sont appelées "délits" et sont jugées par le tribunal correctionnel. Les autres infractions sont dénommées "contraventions" et sont jugées par le tribunal de police. Mais la plupart du temps, il suffit de régler l'amende forfaitaire sans passer devant un tribunal.

Voici quelques exemples :

· Délits :

Conduite avec un taux d'alcool supérieur ou égal à 0,8 g/l de sang :

- Amende de 4500 € maximum,
- 2 ans de prison maximum,
- suspension ou annulation du permis de conduire,
- retrait de 6 points sur le permis.

Délit de fuite :

- Amende de 30000 € maximum, doublée en cas d'homicide ou de blessures involontaires,
- 2 ans de prison maximum,
- suspension ou annulation du permis de conduire,
- retrait de 6 points sur le permis.

Blessures involontaires :

- Amende de 30000 € maximum ou 45000 € en cas de manquement délibéré,
- 2 ans de prison maximum ou 3 ans en cas de manquement délibéré,
- suspension ou annulation du permis de conduire,
- retrait de 6 points sur le permis.

· Contraventions :

Non-présentation des papiers obligatoires :

- Amende de 38 € maximum (amende forfaitaire de 11 €),
- papiers à présenter dans les 5 jours.

Non-port de la ceinture de sécurité par le conducteur :

- Amende de 750 € maximum (amende forfaitaire de 135 €),
- retrait de 3 points sur le permis de conduire.

Excès de vitesse de 20 à 29 Km/h au-dessus de la vitesse maximum autorisée :

- Amende de 750 € maximum (amende forfaitaire de 135 €),
- retrait de 2 points sur le permis de conduire.

Non respect d'un feu rouge :

- Amende de 750 € maximum (amende forfaitaire de 135 €),
- suspension du permis de conduire,
- retrait de 4 points sur le permis.

LA SUSPENSION DU PERMIS

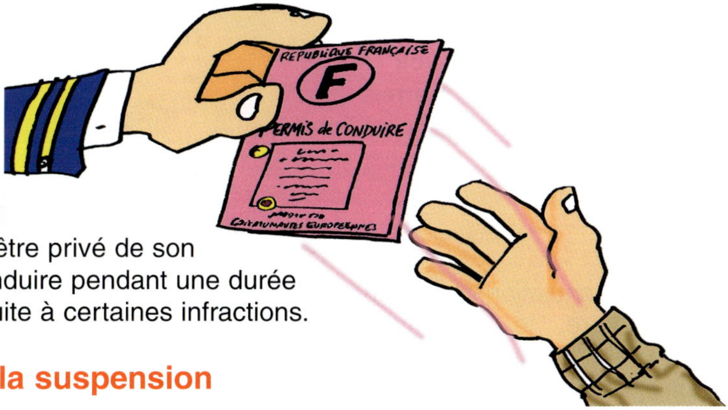

· Définition

C'est le fait d'être privé de son permis de conduire pendant une durée déterminée suite à certaines infractions.

· Durée de la suspension

La suspension du permis de conduire ne peut en général excéder 3 ans pour des infractions graves, notamment les délits.

Particularité :
En cas de condamnation prononcée à l'occasion de la conduite d'un véhicule pour les infractions d'atteinte involontaire à la vie ou à l'intégrité physique ou psychique de la personne (homicide ou blessures involontaires), la durée de la suspension peut être de 5 ans.

· Les principales infractions entraînant une suspension

Délits :
- conduite avec un taux d'alcool supérieur ou égal à 0,8 g/litre de sang,
- délit de fuite,
- refus d'obtempérer,
- utilisation de fausses plaques d'immatriculation,
- homicide ou blessures involontaires.

Contraventions :
- non-respect de la priorité,
- non-respect de l'arrêt imposé à un stop ou à un feu rouge fixe ou clignotant,
- marche arrière et demi-tour sur autoroute,
- dépassement de 30 Km/h ou plus de la vitesse maximale autorisée,
- circulation en sens interdit,
- utilisation d'un détecteur de radar,
- non-respect de l'obligation d'assurance.

L'ANNULATION DU PERMIS

· Définition

C'est le fait de se voir retirer définitivement son permis de conduire suite à certaines infractions.

· Durée de l'annulation

En cas d'annulation de son permis de conduire, le conducteur ne pourra pas solliciter un nouveau permis avant l'expiration d'un délai fixé par le tribunal dans la limite de 3 ans maximum.

Il faut, au préalable, qu'il soit reconnu apte après un examen médical et psychotechnique effectué à ses frais.

Particularité :

La durée d'annulation est portée à 5 ans en cas de blessures et d'homicide involontaires.

· Infractions pouvant entraîner une annulation du permis de conduire

- conduite avec un taux d'alcool supérieur ou égal à 0,8 g/litre de sang,
- délit de fuite,
- homicide ou blessures involontaires.

· Infractions entraînant une annulation automatique

- récidive de conduite avec un taux d'alcool supérieur ou égal à 0,8 g/litre de sang,

- homicide ou blessures involontaires causés par un conducteur conduisant avec un taux d'alcool égal ou supérieur à 0,8 g/litre de sang.

LE CONSTAT AMIABLE

C'est un document officiel qui sert à déterminer les responsabilités des conducteurs suite à un accident matériel. Il peut avoir une incidence sur votre bonus et sur le montant de l'indemnisation. Dans votre intérêt, il est indispensable de le remplir correctement. Voici quelques explications pour mieux vous faire connaître ce document.

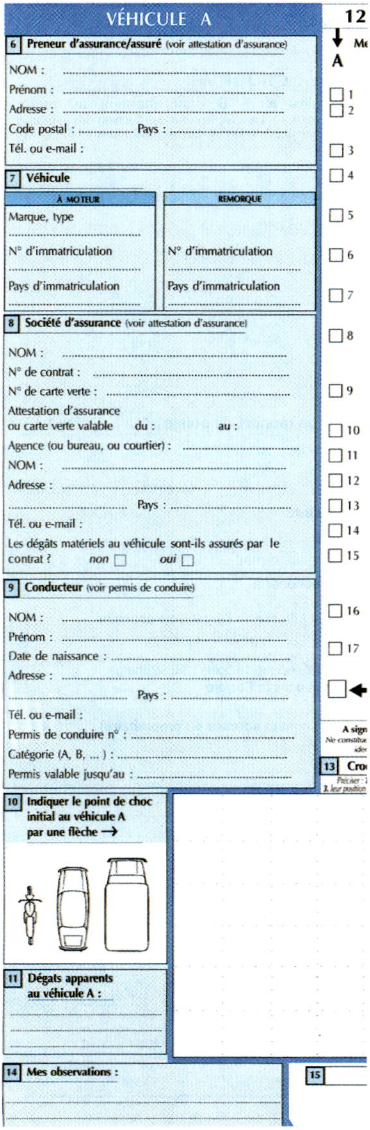
VÉHICULE A

6 Preneur d'assurance/assuré (voir attestation d'assurance)
NOM :
Prénom :
Adresse :
Code postal : .... Pays :
Tél. ou e-mail :

7 Véhicule

À MOTEUR	REMORQUE
Marque, type	
N° d'immatriculation	N° d'immatriculation
Pays d'immatriculation	Pays d'immatriculation

8 Société d'assurance (voir attestation d'assurance)
NOM :
N° de contrat :
N° de carte verte :
Attestation d'assurance
ou carte verte valable du : au :
Agence (ou bureau, ou courtier) :
NOM :
Adresse :
Pays :
Tél. ou e-mail :
Les dégâts matériels au véhicule sont-ils assurés par le contrat ? non ☐ oui ☐

9 Conducteur (voir permis de conduire)
NOM :
Prénom :
Date de naissance :
Adresse :
Pays :
Tél. ou e-mail :
Permis de conduire n° :
Catégorie (A, B, ...) :
Permis valable jusqu'au :

10 Indiquer le point de choc initial au véhicule A par une flèche →

11 Dégâts apparents au véhicule A :

14 Mes observations :

15

12

A

☐ 1
☐ 2
☐ 3
☐ 4
☐ 5
☐ 6
☐ 7
☐ 8
☐ 9
☐ 10
☐ 11
☐ 12
☐ 13
☐ 14
☐ 15
☐ 16
☐ 17

13

Vous pouvez prendre indifféremment la colonne bleue (véhicule A) ou la colonne jaune (véhicule B) car ces deux colonnes sont identiques. Attention, lorsque vous avez choisi une colonne, veillez à compléter les mentions qui concernent cette colonne. N'oubliez pas que vous pouvez être en état de stress et que des erreurs sont envisageables.

RUBRIQUE 8 : LA SOCIÉTÉ D'ASSURANCE
Recopiez les mentions figurant sur l'attestation d'assurance et n'oubliez pas de mentionner le nom et l'adresse de votre agent ou du courtier local. N'oubliez pas d'inscrire votre numéro de contrat.

RUBRIQUE 9 : LE CONDUCTEUR
Recopiez les renseignements figurant sur votre permis de conduire.

RUBRIQUE 10 : LE POINT DE CHOC INITIAL
Indiquez par une flèche le point de choc initial. Cette indication permet de déterminer les responsabilités. Elle n'a pas pour vocation de représenter les dégâts.

RUBRIQUE 11 : LES DÉGATS APPARENTS
C'est dans cette rubrique que vous devez lister les dégâts apparents. Vous pouvez mentionner « sous réserve d'examen approfondi du garagiste » pour éviter les litiges.

RUBRIQUE 14 : LES OBSERVATIONS
Mentionnez toutes les précisions complémentaires sur les circonstances de l'accident, les désaccords avec l'autre conducteur ou les faits qui ne sont pas prévus par le constat.

LE CONSTAT AMIABLE

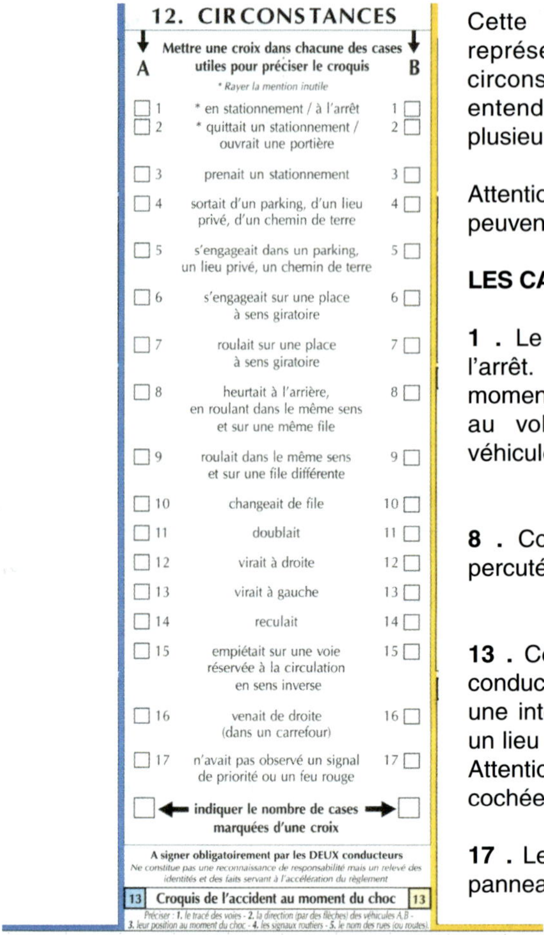

12. CIRCONSTANCES

Mettre une croix dans chacune des cases utiles pour préciser le croquis

* Rayer la mention inutile

A		B
☐ 1	* en stationnement / à l'arrêt	1 ☐
☐ 2	* quittait un stationnement / ouvrait une portière	2 ☐
☐ 3	prenait un stationnement	3 ☐
☐ 4	sortait d'un parking, d'un lieu privé, d'un chemin de terre	4 ☐
☐ 5	s'engageait dans un parking, un lieu privé, un chemin de terre	5 ☐
☐ 6	s'engageait sur une place à sens giratoire	6 ☐
☐ 7	roulait sur une place à sens giratoire	7 ☐
☐ 8	heurtait à l'arrière, en roulant dans le même sens et sur une même file	8 ☐
☐ 9	roulait dans le même sens et sur une file différente	9 ☐
☐ 10	changeait de file	10 ☐
☐ 11	doublait	11 ☐
☐ 12	virait à droite	12 ☐
☐ 13	virait à gauche	13 ☐
☐ 14	reculait	14 ☐
☐ 15	empiétait sur une voie réservée à la circulation en sens inverse	15 ☐
☐ 16	venait de droite (dans un carrefour)	16 ☐
☐ 17	n'avait pas observé un signal de priorité ou un feu rouge	17 ☐
☐ ←	indiquer le nombre de cases marquées d'une croix	→ ☐

A signer obligatoirement par les DEUX conducteurs

Ne constitue pas une reconnaissance de responsabilité mais un relevé des identités et des faits servant à l'accélération du règlement

13 Croquis de l'accident au moment du choc 13

Préciser : **1.** le tracé des voies - **2.** la direction (par des flèches) des véhicules A,B - **3.** leur position au moment du choc - **4.** les signaux routiers - **5.** le nom des rues (ou routes).

Cette colonne comporte 17 cas représentant succinctement les circonstances d'un accident. Bien entendu, dans certains accidents, plusieurs cases peuvent être cochées.

Attention, les erreurs ou les omissions peuvent fausser les responsabilités.

LES CASES DÉLICATES

1 . Le stationnement est différent de l'arrêt. Un véhicule à l'arrêt est stoppé momentanément et le chauffeur reste au volant ou à proximité de son véhicule.

8 . Cochez cette case si vous avez percuté le véhicule devant vous.

13 . Cette case doit être cochée si le conducteur change de direction dans une intersection ou pour s'engager sur un lieu privé.
Attention, cette case ne doit pas être cochée lorsque la route fait une courbe.

17 . Le signal de priorité peut être un panneau ou un feu tricolore.

N'oubliez pas d'indiquer le nombre de cases cochées.

Si aucune case n'a été cochée dans une colonne, indiquez au bas de cette colonne 0.

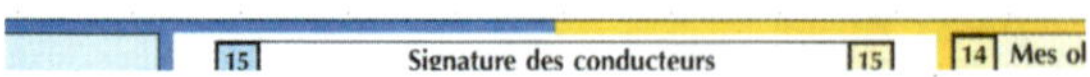

15 Signature des conducteurs 15 | 14 Mes ol

LE CONSTAT AMIABLE

RUBRIQUE 13 : CROQUIS DE L'ACCIDENT

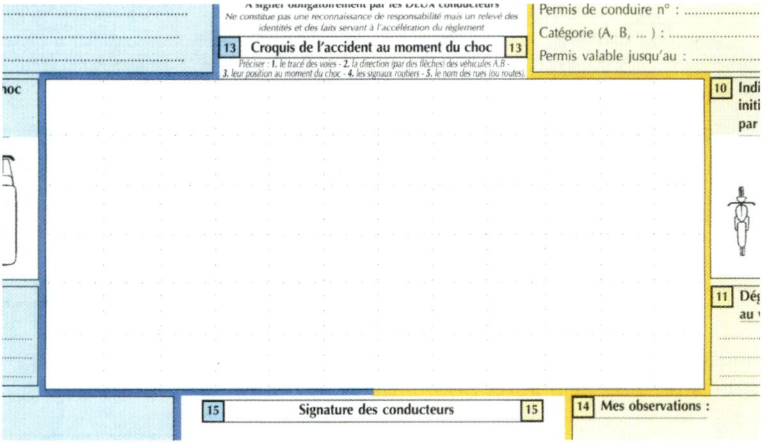
A signer obligatoirement par les DEUX conducteurs
Ne constitue pas une reconnaissance de responsabilité mais un relevé des identités et des faits servant à l'accélération du règlement
13 Croquis de l'accident au moment du choc 13
Préciser : 1. le tracé des voies - 2. la direction (par des flèches) des véhicules A,B - 3. leur position au moment du choc - 4. les signaux routiers - 5. le nom des rues (ou routes).
Permis de conduire n° : ....
Catégorie (A, B, ...) : ....
Permis valable jusqu'au : ....
15 Signature des conducteurs 15
14 Mes observations :

Ce croquis est très important pour confirmer les circonstances de l'accident et la position des véhicules au moment du choc. Il faut qu'il soit clair, simple, précis et complet.

Pour ce faire, il faut positionner les véhicules avec précision, en mentionnant les axes médians et la signalisation routière.

RUBRIQUE 15 : SIGNATURE DES CONDUCTEURS

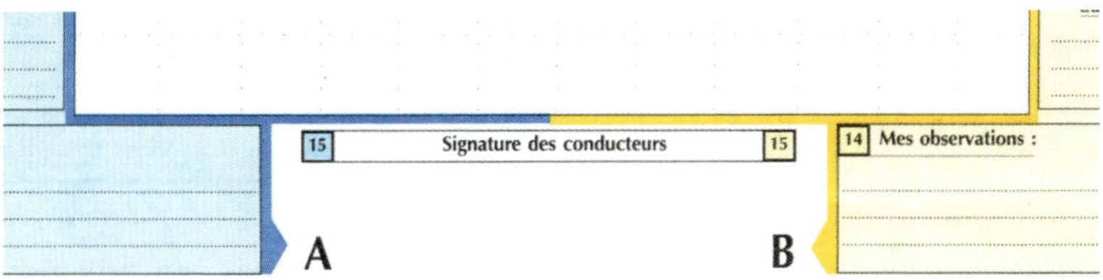
15 Signature des conducteurs 15
14 Mes observations :
A
B

Signez et faites signer l'autre conducteur.

Attention, votre signature vous engage sur l'exactitude des données mentionnées sur le constat. Une fois signé, vous ne pourrez plus rien modifier et les mentions ne seront plus contestables.

LA CONDUITE ÉCONOMIQUE

L'utilisation d'un véhicule coûte de plus en plus cher. Il est indispensable d'appliquer certains principes pour limiter ces dépenses.

· Le véhicule

Pour limiter l'usure et la consommation de votre véhicule, vous devez respecter les préconisations du constructeur concernant l'entretien et les vérifications courantes.

Cela concerne notamment :

- les vidanges de l'huile moteur,

- le remplacement des bougies d'allumage,

- le nettoyage et le changement du filtre à air,

- la pression des pneumatiques,

- le réglage du moteur.

· La conduite

Un conducteur pratiquant une conduite nerveuse va consommer jusqu'à 40 % de plus qu'un conducteur calme.
De même, une voiture qui consomme 8 litres au 100 Km à 90 Km/h, va consommer 12 litres si vous roulez à 130 Km/h.

Quelques conseils :

- Au démarrage, ne laissez pas chauffer votre voiture à l'arrêt. Il est préférable de rouler tranquillement pour faire monter en température votre véhicule,

- évitez les accélérations brutales et les rapports de vitesse inadaptés,

LA CONDUITE ÉCONOMIQUE

- essayez de garder une vitesse régulière,

- coupez votre moteur en cas d'immobilisation prolongée.

Ces conseils vous permettront d'économiser du carburant, de limiter l'usure de votre véhicule et de diminuer la pollution atmosphérique et sonore.

· Le chargement

Les objets transportés augmentent le poids donc la consommation de carburant.

Il faut aussi veiller à l'emplacement que vous allez choisir.
En effet, il est préférable dans la mesure du possible de placer les objets dans le coffre.
Placés sur le toit, ils vont modifier l'aérodynamisme et entraîner une résistance à l'air d'où une surconsommation.

Une galerie, même vide, peut augmenter la consommation de 1 litre aux 100 kilomètres.

LA FOURRIÈRE

· Définition

C'est le lieu désigné par l'autorité administrative où est transféré un véhicule. En pratique, le véhicule est gardé jusqu'à ce que le propriétaire règle les frais pour le récupérer.

· Les infractions entraînant une mise en fourrière

Votre véhicule peut être transféré en fourrière s'il compromet la sécurité des usagers ou s'il gêne la circulation.
(ex : stationnement sur un pont) ou gêner l'utilisation de la route (ex : stationnement gênant).
Votre véhicule peut aussi être enlevé pour stationnement abusif (plus de 7 jours au même endroit).

LA FOURRIÈRE

· Les sanctions

Vous devez payer la contravention pour stationnement interdit et les frais d'enlèvement.

· Le retrait de la fourrière

Vous devez aller au commissariat qui va effectuer " une main levée de mise en fourrière " après avoir vérifié certains éléments :

- la carte grise,
- la validité de l'assurance,
- le permis de conduire.

· Les vérifications lors du retrait

Au moment du retrait, vérifiez l'état extérieur et intérieur du véhicule. Comparez vos observations avec la fiche descriptive d'enlèvement rédigée par l'agent verbalisateur et le dépanneur.
En cas de litige, vous devez saisir le service contentieux de la fourrière et le tribunal administratif.

· Bon à savoir

On ne peut pas enlever un véhicule avec une personne à l'intérieur.

LA CARTE GRISE

Le certificat d'immatriculation ou “carte grise” contient de nombreuses informations qu'il est nécessaire de connaître.

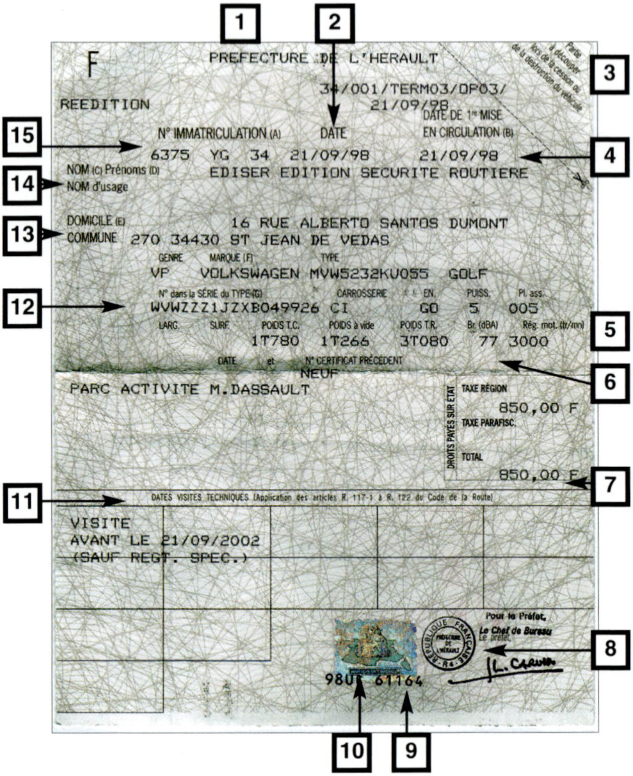

1/ préfecture délivrant la carte grise
2/ date de délivrance de la carte grise
3/ partie à découper en cas de vente du véhicule
4/ date de la première mise en service du véhicule
5/ indique le régime moteur du véhicule en tours par minute
6/ indique le niveau sonore du véhicule
(br : bruit) exprimé en décibels (dBA)
7/ somme à payer pour obtenir la carte grise. Le tarif varie suivant le département, la date de mise en circulation et la puissance fiscale du véhicule
8/ cachet de la préfecture délivrant la carte grise
9/ numéro de la carte grise
10/ hologramme permettant de protéger la carte grise de la contre-façon
11/ dates des contrôles techniques
12/ indications concernant le véhicule
genre : VP = voiture particulière
carrosserie : CI = conduite intérieure
énergie (EN) : ES = essence
puissance (puiss) : nombre de chevaux fiscaux
PL. ass : nombre de places assises
largeur (LARG)
surface (SURF)
poids TC : poids total autorisé en charge
poids TR : poids total roulant autorisé
13/ domicile du propriétaire
14/ nom du propriétaire
15/ numéro d'immatriculation du véhicule

LA CARTE GRISE

RÉPUBLIQUE FRANÇAISE

MINISTÈRE DES TRANSPORTS

CERTIFICAT D'IMMATRICULATION

Le titulaire du présent certificat est tenu, sous peine d'amende *, de déclarer à la préfecture de son domicile, sur imprimé spécial :

- **tout changement de domicile dans le mois qui suit** (lorsque le changement de domicile a lieu à l'intérieur du même département, la déclaration peut être reçue par la préfecture ou la sous-préfecture du nouveau domicile) ;
- **toute modification** dans les caractéristiques du véhicule mentionnées sur le certificat, **dans les quinze jours qui suivent** ;
- **la destruction du véhicule dans les quinze jours qui suivent,** accompagnée du présent certificat, dont le coin supérieur droit aura été découpé comme indiqué.

En cas de cession du véhicule, il doit :

- porter sur le certificat la mention "vendu le..." ou "cédé le..." suivie de sa signature et découper le coin supérieur droit comme indiqué, avant de la remettre à l'acquéreur ;
- adresser à la préfecture, **dans les quinze jours suivant la transaction**, une déclaration mentionnant l'identité et le domicile déclarés par l'acquéreur. En cas de cession du véhicule **en vue de sa destruction,** cette déclaration doit être **accompagnée du présent certificat** dont le coin supérieur droit aura été découpé.

La mise en gage d'un véhicule immatriculé est soumise aux formalités et obligations prévues par le décret n° 53-968 du 30 septembre 1953 modifié.

REMARQUE : en cas de mutation d'un véhicule d'occasion, la production d'une attestation de gage ou de non-gage et de non opposition est obligatoire, il est de votre intérêt de le demander à votre vendeur.

* Article R. 241 du Code de la route.

MINISTÈRE DU BUDGET

Direction générale des douanes et droits indirects

Les véhicules bénéficiant de l'exonération fiscale ou douanière et fiscale ne peuvent être utilisés que pour les besoins personnels exclusifs du bénéficiaire. Ils ne peuvent être vendus, mis en gage, loués, nantis, exposés, prêtés ou utilisés dans un but lucratif pour le compte d'une personne ou d'une société établie en France ;

Le titulaire du certificat d'immatriculation d'un véhicule bénéficiant de l'exonération fiscale ou douanière et fiscale doit se rapprocher d'un bureau de douane dès qu'il cesse de remplir les conditions pour continuer à bénéficier de l'exonération ou s'il a des doutes à ce sujet.

La carte grise nous renseigne aussi sur les caractéristiques liées aux poids des véhicules. C'est pourquoi nous vous proposons ces quelques définitions pour mieux comprendre à quoi correspond chaque terme lié au poids.

Lors de l'achat d'un véhicule neuf, en plus de la facture et du bon de garantie, le vendeur doit vous remettre une carte grise provisoire.

Lors de l'achat d'un véhicule d'occasion, en plus du certificat de contrôle technique datant de moins de six mois, (si le véhicule a plus de quatre ans), le vendeur doit vous remettre la carte grise barrée, portant la mention " vendu le ... " avec sa signature et le coin supérieur droit découpé (3). Il vous remettra aussi, le talon de la vignette fiscale, le certificat de vente rédigé par lui ainsi qu'un certificat de situation du véhicule (dit certificat de non gage).

Poids à vide (PV) :
C'est le poids du véhicule en ordre de marche, avec les différents pleins (eau, huile, carburant), la roue de secours et les équipements livrés avec le véhicule (ex : outils).

Poids Total Autorisé en Charge (PTAC) :
C'est le poids maximum que peut atteindre la remorque, la caravane ou la voiture avec son chargement. Il figure sur la carte grise des véhicules concernés.

Poids Total Roulant Autorisé (PTRA) :
C'est le poids maximum constitué du véhicule tracteur et de la remorque ou caravane. Ce poids figure sur la carte grise du véhicule tracteur.

Poids réel :
C'est le poids de l'ensemble que l'on pèse sur une balance.

LE TÉLÉPHONE PORTABLE

· Le téléphone au volant

Depuis quelques années, le téléphone portable est en pleine expansion. Le nombre d'abonnés a largement dépassé les 35 millions en France. Ce nouvel outil de communication apporte de nombreux avantages, mais il entraîne aussi des désagréments si on ne l'utilise pas rationnellement.

Un des phénomènes observable est l'utilisation du téléphone au volant.

· Les sanctions

Le conducteur qui conduit en téléphonant risque une amende de 35 € et un retrait de 2 points sur le permis de conduire. (Art R.412-6-1)

· Les risques du téléphone au volant

- non-respect de certaines règles de circulation,
- diminution de la vigilance,
- conduite d'une main sauf pour l'utilisation d'un kit mains libres,
- augmentation du temps de réaction,
- écarts de direction,
- ralentissement anormal de l'allure.

· La réglementation

L'usage du téléphone au volant peut être considéré comme une infraction car :

" Tout conducteur de véhicule doit se tenir constamment en état et en position d'exécuter commodément et sans délai toutes les manoeuvres qui lui incombent. "

· Les règles d'utilisation

- couper la sonnerie en conduite,
- mettre la messagerie,
- s'arrêter dans un lieu adapté pour téléphoner.

LE FEU DE VOITURE

· Le feu de voiture

Le risque de feu de voiture se rencontre principalement suite à un accident. L'huile, les carburants et les vapeurs inflammables peuvent faire naître un incendie dans le compartiment moteur.

· Les mesures de prévention élémentaires

- recouvrir de sable ou de terre les produits inflammables répandus sur le sol,
- empêcher de fumer à proximité de l'accident.

Pour qu'un feu débute dans un véhicule, il est nécessaire que trois éléments soient réunis :

Le combustible : il fournit la matière première du feu (ex : caoutchouc, essence, carton...).

Le comburant : il s'agit de l'oxygène qui permet au feu de se développer.

La source de chaleur : il s'agit d'une énergie qui élève la température (ex : flamme, étincelle).

Ces trois éléments forment le triangle du feu. Il suffit d'en éliminer un pour que le feu s'éteigne de lui-même.

· L'utilisation d'un extincteur

1/ Déclenchez la pré-ouverture du capot. Ne pas l'ouvrir complètement pour éviter l'appel d'air.

2 / Mettez votre extincteur en fonctionnement (ex : dégoupillez).

3 / Testez le bon fonctionnement de l'extincteur.

4/ Placez la lance dans l'ouverture du capot.

5/ Projetez le contenu de l'extincteur.

6/ Ouvrez le capot en portant des gants pour terminer l'extinction.

LE CONTRÔLE TECHNIQUE

· Le passage au contrôle technique des véhicules

Les voitures particulières et les camionnettes doivent passer au contrôle technique dans les six mois qui précèdent la date du 4ème anniversaire de la mise en circulation.
Exemple: entre le 1er mai et le 31 octobre 2000, pour un véhicule mis en circulation le 1er novembre 1996.
Ce contrôle doit ensuite être renouvelé tous les deux ans.
Vous pouvez effectuer ce contrôle dans n'importe quel centre agréé.

· Vente d'un véhicule d'occasion

Si vous vendez votre véhicule de plus de quatre ans, vous devez effectuer un contrôle technique sauf si une visite a eu lieu il y moins de six mois.

· Effets du contrôle

A l'issue de la visite, il est établi un procès-verbal qui mentionne la date du contrôle, votre identité, le kilométrage, les éventuels défauts constatés...

Si l'état de votre véhicule est conforme, un macaron est collé sur le pare-brise et mention en est faite sur la carte grise. Ce macaron indique le mois et l'année du prochain contrôle.

Si l'état de votre véhicule est insatisfaisant et que certains défauts nécessitent des réparations, une contre-visite doit être effectuée dans les deux mois qui suivent la visite initiale. Seuls les points qui font l'objet de la contre-visite seront à nouveau vérifiés.

· Sanctions

- Si vous n'effectuez pas le contrôle technique dans les délais réglementaires, vous risquez une amende de 135 €.
- La carte grise peut être retenue par les forces de l'ordre jusqu'à ce que la visite technique ait été effectuée.
- Votre véhicule peut être conduit en fourrière.

LE CONTRÔLE TECHNIQUE

· Les contre-visites concernent de nombreux points du véhicule et notamment :

- le freinage,
- les pneumatiques,
- les dispositifs d'éclairage,
- la pollution,
- la suspension,
- la direction,
- les roues,
- certains éléments de la carrosserie (ouverture de portes impossible...)
- certains équipements de sécurité (avertisseur...).

Liste indicative des principaux points contrôlés

ORGANES MECANIQUES

GROUPE MOTO-PROPULSEUR

Groupe moto-propulseur
Moteur
Boîte
Pont
Transmission
Accouplement relais transmission

ALIMENTATION

Circuit de carburant
Réservoir de carburant
Carburateur / système d'injection
pompe d'alimentation en carburant

ÉCHAPPEMENT

Collecteur d'échappement
canalisation d'échappement
Silencieux d'échappement

LIAISONS AU SOL

MESURES

Suspension

TRAINS

Train
Ressort, barre de torsion
Sphère, coussin d'amortisseur
Amortisseur
Pivot, fusée de roue
Moyeu de roue
roulement de roue
Triangle, tirant de suspension,
Silentbloc de triangle et de suspension
Rotule, articulation de train
Barre stabilisatrice
Silentbloc de barre stabilisatrice
Circuit hydraulique de suspension
Traverse, essieu
Silentbloc de traverse, essieu

ROUES

Roues
Jantes
Pneumatiques

DIRECTION

MESURES

Angle ripage avant

ORGANES DE DIRECTION

Volant de direction
Antivol de direction
Colonne de direction
Accouplement de direction
Crémaillère, boîtier de direction
Biellette, timonerie de direction
Rotule, articulation de direction
Relais de direction

ASSISTANCE DE DIRECTION

Assistance de direction
Réservoir d'assistance de direction
Canalisation d'assistance de direction
Pompe, vérin d'assistance de direction
Entraînement de la pompe d'assistance de direction

FREINAGE

MESURES

Frein de service
Frein de stationnement
Frein de secours

CIRCUIT HYDRAULIQUE

Réservoir de liquide de frein
Maître-cylindre
Canalisation de frein
Flexible de frein
Correcteur, répartiteur de freinage

ÉLÉMENTS DE COMMANDES

Pédale du frein de service
Commande du frein de stationnement
Câble, tringlerie du frein de stationnement

ÉLÉMENTS RÉCEPTEURS

Disque du frein
Etrier, cylindre de roue
Tambour de frein
Plaquette de frein

ASSISTANCE DE FREINAGE

Assistance de freinage
Tuyauterie d'assistance de freinage
Pompe d'assistance de freinage
Entraînement de la pompe d'assistance de freinage

SYSTÈMES ANTIBLOCAGE

Système antiblocage.

ETC.....

LA CEINTURE DE SÉCURITÉ

· Réglementation

Le port de la ceinture de sécurité est obligatoire pour les conducteurs et les passagers.

Il est interdit de transporter un enfant de moins de dix ans aux places avant des véhicules sauf dans les cas suivants :
- si l'enfant est installé dans un dispositif homologué dos à la route,
- s'il y a impossibilité de faire autrement (ex : véhicule ne comportant pas de siège arrière).

· Les sanctions

Le conducteur ne portant pas la ceinture de sécurité risque une amende et un retrait de 3 points sur son permis. Il est aussi responsable pénalement des enfants âgés de 13 ans maximum, il devra payer leur amende en cas de non-port de la ceinture.

· Les objections contre la ceinture

Les objections les plus couramment opposées au port de la ceinture ont trait à l'éjection, à l'incendie du véhicule ou à son immersion.
Les préjugés concernent aussi le risque supplémentaire pouvant être induit par la ceinture et la restriction de liberté individuelle.

Nous allons présenter une analyse succincte de ces différents éléments.

· L'éjection du véhicule

C'est l'événement à plus haut risque lors d'un accident.
La ceinture de sécurité supprime ce risque et diminue considérablement la mortalité accidentelle.

Sans ceinture

avec ceinture

LA CEINTURE DE SÉCURITÉ

· La gêne de la ceinture

Sa fabrication tient compte des données anatomiques et des gestes nécessaires à la conduite. De plus, des perfectionnements récents facilitent son utilisation (ex : réglage en hauteur).

· L'incendie du véhicule

Ce risque est évoqué comme argumentation au non-port de la ceinture. Il faut néanmoins savoir que seulement 0,25 % des véhicules accidentés prennent feu. En outre, le port de la ceinture diminue le risque d'être inconscient lors d'un choc et par conséquent donne la possibilité de sortir du véhicule.

· Les risques de la ceinture

La ceinture peut provoquer des blessures sur le thorax et le sternum lors d'un choc important. Mais ces blessures sont minimes comparées à celles pouvant être provoquées par l'habitacle en cas de non-port de la ceinture.

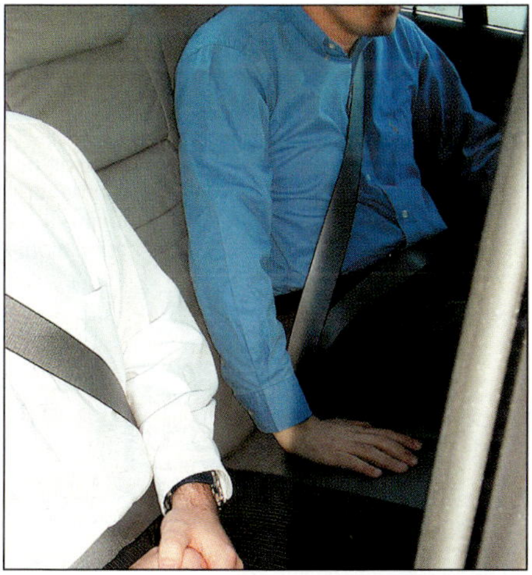

· La restriction de liberté individuelle

L'obligation du port de la ceinture n'a pas pour objectif de limiter la liberté individuelle, mais elle se justifie par l'efficacité démontrée de la ceinture.
De plus, le coût élevé des accidents de la route est partagé par l'ensemble de la société. Il est par conséquent difficile de défendre le droit à une liberté qui se traduit par une mortalité élevée.

LA SIGNALISATION EUROPÉENNE

Certaines parties de la signalisation sont différentes chez nos voisins européens. C'est pourquoi nous vous présentons ci-après les panneaux qui n'existent pas en France ou qui ont un sens différent en dehors de nos frontières.

· Belgique

Début d'une zone résidentielle

Stationnement obligatoire en partie sur l'accotement ou le trottoir

Stationnement obligatoire sur la chaussée

Panneau de direction. Itinéraire principal par la route

Panneau de direction. Itinéraire par autoroute

· Espagne

Stationnement

interdit du côté du chiffre I les jours impairs

interdit du côté du chiffre II les jours impairs

Série de virages

Annonce de voie d'accélération sur la droite

Chaussée dénivelée

Zone urbaine

Visibilité réduite

Voie réservée aux véhicules lents

Garage

Panneau d'interdiction d'entrer sur l'intersection si elle est encombrée

Présignalisation d'itinéraire pour tourner à gauche

· Irlande

Obligation de tourner à gauche

Stationnement interdit

Virage dangereux à gauche

Fin de route à quatre voies

Rétrécissement de la chaussée

· Italie

Sur route de montagne, cédez le passage aux autocars en cas de croisement impossible

Signal tenu par un agent habilité à arrêter la circulation

Annonce de voie d'accélération sur la droite

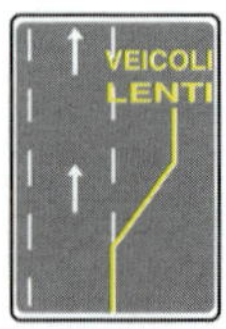

Voie réservée aux véhicules lents

Stationnement

interdit du côté du chiffre I les jours impairs

interdit du côté du chiffre II les jours impairs

· Danemark

Panneau de direction Itinéraire par autoroute

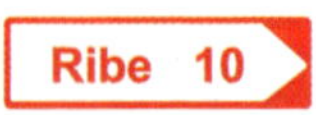

Panneau de direction. Itinéraire par la route

Annonce de sortie d'autoroute

Jonction de plusieurs voies. Soyez prudent !

Zone résidentielle

Douane

Indication d'intérêt touristique

Vitesse conseillée pour sortir d'un itinéraire important

LA SIGNALISATION EUROPÉENNE

· Luxembourg

interdiction de stationner du côté du panneau les jours impairs

interdiction de stationner du côté du panneau les jours pairs

Début d'une zone résidentielle

Proximité d'un passage piétons ou d'une école

Annonce d'une voie réservée aux véhicules lents

· Pays-Bas

Stationnement

interdit du côté du chiffre I les jours impairs

interdit du côté du chiffre II les jours impairs

Début d'une zone résidentielle

Visibilité réduite

Jonction d'autoroute

Intersection dangereuse avec ligne de tramway

· Portugal

Intersection avec une route non prioritaire. La branche fine indique la position de la route rencontrée.

Garage

Stationnement

interdit du côté les jours impairs

interdit du côté les jours pairs

· Allemagne

Début d'une zone résidentielle

Obligation d'allumer les feux pour stationner de nuit

Risque de verglas

Annonce d'embouteillage

Proximité d'un passage piétons ou d'une école

Garage

· Royaume-Uni

Fin de route à chaussées séparées

Pont en dos d'âne

Proximité d'un passage piétons ou d'une école

Stationnement interdit durant les heures indiquées

Ralentir

Endroit fréquenté par les personnes âgées

· Suisse

Annonce d'une place d'évitement

Feux clignotants alternatifs. Arrêt obligatoire.

Début d'une zone résidentielle

LES MOTS CLÉS

Accotement :
parties de la route situées de chaque côté de la chaussée qui peuvent être utilisées pour stationner mais pas pour circuler. C'est le bord de la route.

Autoroute :
elle ne comporte pas de carrefour et se compose de deux chaussées à sens unique séparées par un terre-plein central. Elle est réservée à certaines catégories d'usagers.

Avertisseur sonore :
c'est le klaxon.

Avertisseur lumineux :
c'est un appel de phares.

Cassis :
Creux dans la chaussée.

Carrefour à sens giratoire :
c'est un rond point.

Chaussée :
partie de la route réservée à la circulation.

Chemin de terre :
il s'agit en général d'un chemin non goudronné. Les règles de priorité normales s'appliquent si le chemin de terre est ouvert à la circulation publique.

Dos d'âne :
Bosse sur la chaussée.

Feux de position :
ce sont les veilleuses.

Feux de croisement :
ce sont les codes.

Feux de route :
ce sont les phares.

Indicateurs de changements de direction :
ce sont les clignotants.

Route pour automobiles :
elle se compose en général de deux chaussées à sens unique séparées par un terre-plein central sauf quelques exceptions. Son accès est interdit aux mêmes usagers que sur une autoroute.

Rue :
en agglomération, endroit où circulent les véhicules.

Trottoir :
endroit réservé à la circulation des piétons.

Verres correcteurs :
ce sont les lunettes.

voie :
partie de la route réservée à un sens de circulation.

INDEX

A

B

C

D

INDEX

INDEX

Imprimé en France
N° d'impression : L90638